炼油销售公司
危化品物流运输

安全管理体系手册

本书编委会 编

中国石化出版社
·北京·

图书在版编目（CIP）数据

炼油销售公司危化品物流运输安全管理体系手册 / 本书编委会编．—北京：中国石化出版社，2024. 10
ISBN 978-7-5114-7680-7

Ⅰ．U294.8-62

中国国家版本馆 CIP 数据核字第 2024KS0239 号

中国石化出版社出版发行
地址：北京市东城区安定门外大街58号
邮编：100011　电话：（010）57512500
发行部电话：（010）57512575
http://www.sinopec-press.com
E-mail：press@sinopec.com
河北鸿运腾达印刷有限公司印刷
*
710毫米×1000毫米　16开本　11.5印张　22插页　210千字
2024年10月第1版　2024年10月第1次印刷
定价：98.00元

编委会

序一

PREFACE

危化品物流作为一种特殊商品的物流，连接危化品生产经营和使用消费两端，是建设现代流通体系、畅通国民经济循环的重要依托。随着我国工业化进程的不断推进，种类繁多的危化品广泛地应用于各行各业，社会需求量迅猛增加，尤其是在石油化工行业，危化品物流也处在高速发展阶段。

然而，危化品具有易燃、易爆、有毒、有害和放射性等货品特性，危化品物流运输更是对技术、设备、运营管理的专业化要求极高，目前主要是由第三方物流完成。但鉴于运营环境、经济条件、人员素质和管理水平等诸多因素，第三方危化品物流缺乏全链条管控，始终是高风险、高事故的代名词，其所产生的重大事故风险会沿着供应链传导至诸如石油化工等生产制造企业。

如何解决上述问题，作为液化石油气、液体硫黄、异辛烷等危化品产业链上的核心企业，中国石化炼油销售有限公司（以下简称“炼油销售公司”）主动承担起物流全链条管控的责任，并进行了大胆有益的尝试，创新建立了以“一手册、一平台、一认证”为特色的物流安全管控体系。其中体系手册是基础，也是灵魂。在体系手册的建设过程中，为了诠释炼油销售公司的物流安全管理理念，他们创新设计了如“百项违规”“运力池”“属地联动网”、第三方评价监督机制等新概念、新模式；为了让这些模式与要求能入脑入心，他们又率先提出了短视频教学、网络技能比武、“三点一线”视频自检等多重举措；为了提升管理效率和效能，他们引入物联网、云计算、大数据等现代信息技术为全链条管控赋能，开发了电子提货系统、配送安全数字平台等有效管控工具。

全链条的管控，尤其是对运输过程中人、车（船）、环境的管控，解决了主要问题，管控住了重大风险，取得了良好的效果。近几年，炼油销售公司物流承运商的巨大转变就是很好的证明。他们对炼油销售公司的评价，如“有温度的公司”“尊重生命的企业”等都展现了几年来的管理成效。

当然，危化品物流安全管控任重道远，它不仅关乎到人的生命安全和环境保护，还与社会的稳定和经济的持续发展紧密相关。为了惠及更多的危化品物流从业人员，炼油销售公司有意将其近些年的做法梳理成章、集结成册出版，我非常认同。希望这本手册能帮助更多的危化品物流企业找到方向，提升水平，真正将习近平总书记关于安全生产工作的系列重要指示批示精神转化为行动力，共同打造一个和谐、安全、有序的物流运营环境。

2024年3月29日

序二

PREFACE

时光荏苒，岁月如梭，转眼间我已在这片石化热土上耕耘多年。今日，欣闻中国石化炼油销售有限公司组织编写的《炼油销售公司危化品物流运输安全管理体系手册》即将付梓，心中倍感欣慰与自豪。这不仅是一份沉甸甸的责任，更是我们企业迈向更高层次安全管理的里程碑。

物流安全始终是炼油销售领域的重中之重。习近平总书记指出：管行业必须管安全、管业务必须管安全、管生产经营必须管安全。正是在这一最高指示的引领下，我们深深感受到物流安全的重要性，它不仅是保障生产、运输、销售等各个环节顺畅运行的基石，更是维系人员生命安全、维护社会稳定的坚固防线。因此，在石化行业这片充满挑战与机遇的沃土上，炼油销售公司开始将物流安全，尤其是危化品物流安全作为企业的头等大事来抓，作为彰显“国之大者”“党之大计”抓好抓实、一抓到底。

回首往昔，公司在危化品物流安全管理方面付出了诸多努力，取得了显著成效。我们建立健全了危化品物流安全全链条管理机制，强化了安全制度建设，提升了员工的安全素质，确保了每一次运输都安全可靠。每一次努力，我们都全力以赴；每一份荣誉，我们都历历在目。我见证了炼油销售公司物流安全体系从稚嫩走向成熟、从单点走到全面，首次荣获中国石化集团公司2022年安全生产先进单位，这既是对炼油销售公司多年来致力于危化品物流安全管理的褒奖与肯定，更是一份无上光荣的鼓励和鞭策；我还见证了炼销人从无到有，开创性实施“百项违规”考核管理，发展到现在已经从1.0版本到4.1版本，期间获得各级领导的高度肯定，不仅涵盖面从公路到船舶仓储，从一个产品到全部产品，从线下到线上，而且体系化培养了一只能打硬仗的承运商队伍，近几年的卓越表现更是让炼油销售公司务实创新安全管理的根基愈久弥坚！

现如今，内外部市场环境日益复杂，新业态新经济带来新挑战不断涌现，我们仍需牢记“忘战必危”的告诫，在科学规范安全管理的发展道路上不断总结、不断优化、不断发展，才能确保企业始终稳健前行。该手册编写，正是我们深化危化品物流安全管理、提升从业人员安全意识的重要举措。

这本手册内容全面、实用，涵盖了危化品物流安全的基本概念、法律法规、管理制度、风险识别与防控、应急处理等多个方面，为从业者提供了系统的物流安全知识体系和实践指导。它的出版，必将为危化品物流安全管理工作注入新的活力，推动公司安全管理水平再上新台阶。

在此，我要向所有参与手册编写和评审工作的同事们表示热烈的祝贺和崇高的敬意。正是你们辛勤付出和无私奉献，为该手册顺利出版奠定了坚实基础。同时，我也希望全体从业者能够认真学习、积极实践手册中的内容，将物流安全理念内化于心、外化于行，共同为打造安全、高效、和谐的物流环境贡献力量。

最后，衷心祝贺该书的顺利出版，期待它能够在推动炼油销售公司物流安全管理水平提升、保障生命安全、维护社会稳定各个方面发挥重要作用。让我们携手并进，共同开创中国石化炼油销售有限公司更加辉煌未来！

2024年10月10日

前言

FOREWORD

在物流行业日益发展的今天，特别是涉及危化品的物流领域，安全无疑是重中之重。作为一家致力于危化品经营领域的石化企业，我们深知安全责任重于泰山。因此，我们编写这本《炼油销售公司危化品物流运输安全管理体系手册》，旨在为托运人提供一套全面、系统、创新的危化品物流安全管理解决方案。

炼油销售公司隶属中国石化，全面负责中国石化系统内液化石油气、石油焦、沥青、硫黄、异辛烷、石蜡等石油炼制产品的统一采购和销售，年经营总量达4000万吨。炼油销售公司拥有完善的公路、水路、铁路物流配送体系，构建了强大的仓储能力，凭借雄厚的物流实力，形成了辐射全国的市场营销网络。

作为危化品产业链上的核心企业，炼油销售公司始终坚持“从零出发、向零奋进”的安全理念，按照“配送业务强势管理，自提模式配送管理”的要求，不断探索危化品物流安全管理的新模式、新思路、新方法，创新建立了危化品物流安全全链条闭环管理模式。

本手册在编写过程中，充分参考了国家、行业、企业关于危化品物流的法律法规、制度标准，特别是《中华人民共和国安全生产法》《危险货物道路运输规则》(JT/T 617—2018)、《中国石化危化品运输安全管理规定(试行)》、炼油销售公司《HSE管理体系手册》等，将其作为本手册编写的基础和准则。同时，结合多年的行业经验和专业知识，对危化品物流运输的各个环节进行了深入剖析和研究，力求将理论与实践相结合，确保手册的实用性和可操作性。

手册的第一、二章系统介绍了危化品物流运输安全管理的现状、国内外企业的做法和一些基础理论知识。第三章重点介绍炼油销售公司建立的一套危化品物流运输安全全链条闭环管理模式。这一模式涵盖了危化品公路运输“三点一线”的各个环节，通过体系化管理确保危化品物流运输的各个环节都能达到最理想的安全标准。为了进一步加强安全管理，我们创新性地建立了一系列全新的管理标准，如“百项违规”“五统一”“7+2”等，这些标准不仅明确了危化品物流运输过程中的各种违规行为，还制定了相应的检查、考核措施，旨在从源头上杜绝安全隐患。此外，我们还建立了“运力池”“曝光榜”“属地联动网”等诸多新的安全管理工具。这些工具不仅能够帮助我们更好地管理和调配运力资源，还能够通过曝光违规行为、统一安全标准等手段，提高整个危化品物流行业的安全管理水平。第四、五章介绍炼油销售公司在风险识别与管控、承运商安全要求宣贯与教育中的一些做法。第六章重点介绍了危化品物流运输安全事故的应急与处置原则、流程和案例。第七、八章则是用真实案例对管理效果进行了诠释，并对未来发展进行了展望。

通过本手册的实施，炼油销售公司实现了危化品物流运输安全管理的可视化、信息化和属地化。同时，炼油销售公司还以此为纽带，加强了与承运商、生产企业的沟通和协作，确保物流安全管理的各项措施得到有效实施。

“有什么样的甲方就有什么样的乙方”，我们希望通过本手册的编写和实施，能够为危化品物流运输行业提供一个托运人（甲方）视角的安全管理参考。我们也希望通过本手册的实施应用，培养更多三观一致、同频共振的合作伙伴，不断完善和优化危化品物流运输安全管理措施，为危化品物流的安全、健康发展贡献一份绵薄之力。

本书编写组

目录

CONTENTS

第一章　危化品物流运输安全管理概述

第二章　危化品物流运输安全管理制度标准与理论常识

第三章 炼油销售公司全链条闭环物流运输安全管理模式

第四章 炼油销售公司危化品物流运输风险识别与控制

第五章 危化品物流运输安全管理要求宣贯与教育

第六章 危化品物流运输事故应急与处置

第七章 炼油销售公司危化品物流全链条闭环安全管理实例

1

第一章

危化品物流运输安全管理概述

危化品物流运输中因交通事故、泄漏、装载容器的不规范操作导致的爆炸、火灾、中毒等安全事故频发，造成人员伤亡、设施破坏和环境污染等严重后果。因此，危化品物流运输的安全管理关乎公共安全，必须引起高度重视，这也是目前亟待解决的重要问题。本章将对危化品物流运输安全事故发生原因和事故特点进行分析和探讨，以期能够从重特大事故中深刻吸取教训；此外，本章全面梳理了国内危化品物流运输安全管理的社会治理举措，明晰各方安全责任；通过借鉴国外政府监管和危化品企业管理经验，提高危化品物流运输安全管理水平。

第一节　国内危化品物流运输的安全管理

一、危化品物流运输概述

（一）危化品定义

危化品即危险化学品，根据《危险化学品安全管理条例》（国务院令〔2013〕645号）第三条规定："本条例所称危险化学品，是指具有毒害、腐蚀、爆炸、燃烧、助燃等性质，对人体、设施、环境具有危害的剧毒化学品和其他化学品。危险化学品目录，由国务院安全生产监督管理部门会同国务院工业和信息化、公安、环境保护、卫生、质量监督检验检疫、交通运输、铁路、民用航空、农业主管部门，根据化学品危险特性的鉴别和分类标准确定、公布，并适时调整。"

《道路危险货物运输管理规定》（交通运输部令〔2023〕13号）第三条规定："本规定所称危险货物，是指具有爆炸、易燃、毒害、感染、腐蚀等危险特性，在生产、经营、运输、储存、使用和处置中，容易造成人身伤亡、财产损毁或者环境污染而需要特别防护的物质和物品。"

危化品和危险货物在物流运行过程中常常让人混淆，但它们在法规定义、范围、分类原则和监管要求等方面存在明显差异。

从法规定义上看，危化品仅包含化学物质，危险货物包含物质和物品且需要特别防护，范围更广。同时两者在危险性判定方面又有所区别，危化品认定主要依据生产、经营、储存、使用等各环节长期或短期接触对人类和环境的危害性；危险货物的认定主要依据物流运行过程中表现出的对人类和环境的危害性，强调短期危害性，所以两者有交集但无包含关系。

从监管主体上看，在我国，针对危化品主要的监管部门有安全生产监督管理部、生态环境部、质检部门等；而危险货物的监管部门则主要为运输环节的相关主管部门，如交通运输部、公安部。

危化品、危险货物适用于《危险化学品目录》中的化学品不同的生命周期环节，生产、经营、储存、使用环节主要监管"危险化学品"，运输环节主要监管"危险货物"，各环节均有不同的危险品名录管理，相关经营企业对应所需具备的资质也不同，详见表1–1。

表1-1 危化品在不同监管环节的名称及主要监管部门

名称	生命周期环节	监管机构	具备的资质	危险品目录
危险化学品	生产、经营、储存、使用	安全生产监督管理部门	危险化学品安全生产/经营/安全使用许可证、危险化学品登记证	《危险化学品目录》《重点监管的危险化学品名录》
危险货物	运输	交通运输部、公安部	危险货物道路/水路运输经营许可证，从事危险货物运输的驾驶人员、船员、装卸管理人员、押运人员、申报人员、集装箱装箱现场检查员从业资格证	《危险货物品名表》

根据《危险化学品安全管理条例》(国务院令645号)第四十三条规定："从事危险化学品道路运输、水路运输的，应当分别依照有关道路运输、水路运输的法律、行政法规的规定，取得危险货物道路运输许可、危险货物水路运输许可，并向工商行政管理部门办理登记手续。"虽然危化品在运输环节被称为危险货物，但为了突出化学品的理化性质及危害性，本手册在运输环节依然使用"危化品"名称，而在引用危化品物流运输的相关法律法规时，会保留原文"危险货物"的表述。为了保证危化品的安全运输，有必要对化学品进行危险性分类。

(二)危化品的分类

危化品的分类主要基于《全球化学品统一分类和标签制度》(Globally Harmonized System of Classification and Labeling of Chemicals，GHS，又称"紫皮书")，是由联合国于2003年出版的指导各国建立统一化学品分类和标签制度的规范性文件，因此也常被称为联合国GHS。现行版本为2015年第六次修订版，我国自2011年5月1日起，强制实行GHS制度。

我国对于危化品的分类主要依据《危险化学品分类和标签规范》GB 30000系列国家标准，其技术内容采纳联合国GHS第四次修订版中大部分内容，强调生产、储存、流通、运输等多环节的危害性，将危化品分为28大项，其中物理危害16项、健康危害10项、环境危害2项。通常情况下，列入《危险化学品目录》或满足目录中确认原则的化学品，即被认为属于危化品。

二、危化品物流运输事故特点与影响

被列入我国《危险化学品目录（2015版）》的产品有2828种，不包括含有危化品的混合物，这些混合物又以不同含量的危化品存在形成数以万计的化工产品。近年来，我国危化品物流运输在水路、铁路和航空方面限制较多，加之设施设备资质办理与监管能力等多种原因，目前公路运输已成为危化品的主要运输方式，因此本手册主要聚焦于危化品物流公路运输。

由于危化品理化性质的特殊性，在高频次的危化品公路运输中，全国各地发生多起重特大危化品公路运输安全事故。危化品物流运输事故按照事故发生原因可分为三类：交通事故引发的事故、危化品泄漏引发的事故、危化品装载容器混用引发的事故，典型事故案例及发生原因见表1–2。

表1–2　典型事故案例及发生原因

事故类型	事故名称	事故发生原因
交通事故引发的事故	沈海高速温岭段“6·13”液化石油气运输槽罐车重大爆炸事故	车辆侧翻导致罐体撕裂，而后液化石油气迅速泄出、汽化、扩散，遇过往机动车产生的火花爆燃，最后发生蒸汽云爆炸
危化品泄漏引发的事故	“11·13”河北石家庄罐车气体泄漏喷射	运输货物为“净水剂”（三氯化铁，属腐蚀性物品），车辆顶部阀门漏出烟状气体。押运人员上前查看原因时，阀门被憋开，喷出柱状气体，泄漏原因判定为阀门排气孔堵塞引起阀门损坏
危化品装载容器混用引发的事故	“11·7”雅安油罐车爆燃事故	柴油罐车违法运输重烃，且罐体呼吸阀不能起到泄压作用，运输过程中罐内压力升高，驾驶员、押运员违规处置泄漏点时致重烃喷出，重烃与空气混合形成爆炸性气体云团，遇服务区综合楼外运行的非防爆制冷设备压缩机组引发爆炸燃烧

从事故表现形式来看，有爆炸后燃烧（或燃烧后爆炸）、污染或中毒、燃烧、爆炸、自燃等。危化品物流公路运输事故主要导致危化品的泄漏，可能会发生起火、爆燃或爆炸等情况；同时危化品往往具有挥发性、毒性，因此一旦泄漏不仅对人体健康造成危害，也容易对周围环境造成污染，危化品公路运输事故往往对社会造成巨大的生命财产损失，但事故发生后如果处理得当，可以一定程度上降低事故带来的危害和损失。

从事故的特点和影响来看，危化品物流运输事故具有以下特点，见表1–3。

表1-3 危化品物流运输事故特点及应急处置措施

特点	原因及应急处置措施
突发性强，救援困难	危化品物流运输事故常常具有突发性，使得救援工作更加紧迫。由于危化品的种类繁多且具备不同理化性质，需要专业人员和专业设备才能开展有效救援。此外，事故现场可能存在爆炸、释放有害气体等其他危害因素，增加救援的复杂性和风险
扩散迅速，危害范围广	危化品往往具有挥发性和易扩散性，泄漏或释放到环境中会迅速扩散，可能威胁到现场人员及周围居民。面对此类事故，应急救援需快速反应、疏散人员、隔离污染源
污染环境，危害久远	危化品泄漏对空气、水源、土壤产生一定的污染，可能影响生态环境，直接危及生态安全，这种污染可能难以彻底清除，对周围的居民和生物多样性构成威胁，并可能带来长期的健康问题。因此，在应急救援策略中，确定泄漏来源及危险性判断、配置个人防护装备、阻止并控制泄漏、泄漏处理，并制订恢复计划和监测措施，以确保环境能够逐渐恢复到正常状态

三、危化品物流运输社会治理

（一）法律监管

1953年联合国经济社会理事会成立了危险货物运输专家委员会，1956年该委员会提交了第一份工作报告，提出了危险货物运输的最低要求以及危险品的分类、编目、标志、包装和运输单证等内容。该报告后来成为联合国推荐的《关于危险货物运输的建议书 规章范本》（又称为“橙皮书”，以下简称UN TDG），这部规章旨在确保危险货物在各种运输方式（包括公路、铁路、水路、航空和管道）中的安全运输，减少事故发生的风险。目前，国际上各种危险货物运输方式普遍都采用了此规章。中国在1997年成为UN TDG的签署国之一，严格遵守该规章规定，并参照UN TDG制定了一系列危险货物运输的法规和标准。2023年联合国出版了《关于危险货物运输的建议书 规章范本》第二十三修订版。

自20世纪80年代以来，我国有关部门就开始对危险货物及其运输进行了相关的研究，积极地与国际接轨采用国际性技术法规，制定了一系列安全管理的法规、标准。从那时起，我国危险货物管理开始了立法管理和与其配套的技术管理。从2000年至目前，对危化品物流运输而言是非常重要的一个阶段，国务院自2002年3月15日正式实施了《危险化学品安全管理条例》，有关部门联合开展了危化品物流运输安全专项整治，开启了对运输企业、车辆、人员等集中检查整治。

（二）信息监管

20世纪50年代末，通信及控制技术快速发展，为危化品物流运输安全提供了可靠的技术保障。在危化品运输车辆上安装全球定位系统（GPS）或北斗卫星导航系统，利用视频监控技术、传感器技术、无线通信技术，实现了对车辆实时监控和定位，掌握车辆运行情况。欧盟、日本早在20世纪70年代就开始以立法的形式在部分客运车辆及货车上强制安装使用汽车行驶记录仪。

我国在2011年发布了《关于加强道路运输车辆动态监管工作的通知》（交运发〔2011〕80号，以下简称《通知》）[1]。利用运输车辆卫星定位系统实施动态监管，加强道路运输安全管理，实时监控运输车辆驾驶人超速行驶、疲劳驾驶等违法行为，是有效遏制重特大事故、实现道路运输科学发展、安全发展的有效手段。

按照国务院《通知》要求，运输企业必须为“两客一危”车辆安装符合《道路运输车辆卫星定位系统车载终端技术要求》（JT/T 794—2011）的卫星定位装置，并接入全国重点营运车辆联网联控系统，保证车辆监控数据准确、实时、完整地传输，确保车载卫星定位装置工作正常、数据准确、监控有效。

道路运输企业对所属车辆的动态监控工作全面负责：

（1）制定和完善卫星定位装置安装使用规定，建立动态监控工作台账，根据车辆行经道路的实际情况，设置相应的车辆限速标准。

（2）配备专职人员负责监控车辆行驶动态，分析处理动态信息。

（3）充分运用卫星定位监控手段加强对所属车辆和驾驶员的日常监督，按照有关规定及时纠正和处理超速、疲劳驾驶等违法驾驶行为，对多次有违法驾驶行为的要按照有关规定加重处理，对违法驾驶信息要留存在案，至少保存1年。

（4）定期检查车载卫星定位装置使用情况，确保车辆在线时间。

（5）对不按规定使用、故意损坏卫星定位装置的单位和个人，以及不严格监控车辆行驶动态的值守人员，要依照相关规定给予处理；造成严重后果的，依法追究企业负责人和相关责任人的法律责任。

交通运输部、公安部、安全监管部门利用全国重点营运车辆联网联控系统提供的监管手段，依据法定职责，实施联合监管，见表1–4。

---

[1] 交通运输部、公安部、安全生产监督总局、工业和信息化部《关于加强道路运输车辆动态监管工作的通知》。

表1-4 监管部门及其职责

监管部门	职责
交通运输部	负责建立营运车辆动态信息公共服务平台，实现与全国重点营运车辆联网联控系统的联网，利用动态监控手段加强对运输市场秩序的管理，并向公安、安全监管等有关部门开放数据传送，为政府有关部门和运输企业加强动态监控提供有效技术手段
公安部	根据符合标准的卫星定位装置采集的监控记录资料，严格依法查处超速行驶、疲劳驾驶等道路交通安全违法行为
安全监管部门	利用动态监督手段，做好应急指挥及事故调查处理工作

（三）安全管理协调机制

为加强对危化品安全生产工作的组织领导，强化部门协作配合，提高安全监管工作效率，2007年国家建立危险化学品安全生产监管部际联席会议（以下简称“联席会议”）制度，2018年调整完善联席会议制度[1]。

联席会议的主要职责是在国务院领导下，掌握全国危险化学品安全生产情况，分析危险化学品安全生产形势，研究、指导危险化学品安全监管工作，提出有关政策建议；督促落实《中华人民共和国安全生产法》《危险化学品安全管理条例》等法律法规和国务院关于危险化学品安全生产的政策举措；审议有关部门提出的加强危险化学品安全监管的建议，协调解决危险化学品安全监管工作的重大问题；组织开展部门联合执法、专项整治和督查工作。

成员单位联席会议由应急管理部、工业和信息化部、公安部、交通运输部、中央政法委、发展改革委、教育部、科技部、司法部、财政部、人力资源社会保障部、自然资源部、生态环境部、住房城乡建设部、农业农村部、卫生健康委、国资委、海关总署、市场监管总局、粮食和储备局、能源局、铁路局、民航局、全国总工会、中国铁路总公司等25个部门和单位组成。各成员单位互通信息、相互配合，相互支持、形成合力，及时处理危化品安全监管工作中需要跨部门协调解决的问题。

[1]《国务院办公厅关于同意调整完善危险化学品安全生产监管部际联席会议制度的函》国办函〔2018〕58号。

第二节 国外危化品物流运输安全管理经验借鉴

通过与国际接轨，国内危化品物流运输安全管理将能够更好地适应全球化竞争环境，提升整体管理水平，确保危化品物流运输作业的安全和可持续发展。在国际上，一些发达国家已经建立起了较为完善的危化品运输管理体系，包括严格的法规标准和高效的监管机制。同时，国际上先进企业的技术手段和管理模式也可以为国内危化品物流运输安全管理提供有益参考，促进我国危化品物流运输市场的可持续安全发展。

一、国外危化品物流运输安全政府监管

（一）强化法律体系，聚焦可操作性

联合国危险货物运输专家小组委员会于1996年12月2日至10日第十九届会议通过了《关于危险货物运输的建议书 规章范本》（Recommendations on the Transport of Dangerous Goods），是联合国为了保障危险货物运输过程中的安全而制定的一套国际标准，具体内容包括但不限于：①将危险货物按照其性质和危险程度进行分类，以便采取相应的防范措施；②列出各种危险货物的通用名称和UN编号，方便识别和标记；③规定了危险货物的包装和容器必须符合的标准和规范，以确保在运输过程中不泄漏或造成其他危险；④规定了危险货物的托运程序和要求，包括标记、标签、文件和申报等事项；⑤运输过程通用要求，包括危险货物运输过程中的通用要求，如处理事故、应急措施、禁止运输物品等规定。

联合国欧洲经济委员会制定了《危险货物国际道路运输欧洲公约》（ADR），旨在统一各国危险货物公路运输的规定和要求，以促进国际危险货物公路运输的顺畅进行。ADR于1957年在日内瓦制定，并于1985年4月修订，已被48个国家采用，包括德国、美国、加拿大等。通过ADR的统一规定，使得各国危险货物公路运输的程序和要求得到了统一，促进了国际危险货物公路运输的顺畅进行，同时也提高了运输安全性，减少了事故发生的可能性。ADR涵盖了危险货物的分类、包装、标记、文件、运输过程等方面的要求，并对各种危险货物的运输进行了详细的规定。同时，ADR还规定了各种危险货物运输事故的处理程序和应急措施，以确保危险货物运输过程的安全和顺畅。此外还有《国际内河运输危险货物

协定》（ADN）、《国际危险货物铁路运输规则》（RID）以及《危险货物安全航空运输技术指南》（ICAO）对于行业影响深远。

美国则在ADR的基础上，结合本国实际情况制定了《危险货物运输规则》（HMR），涵盖公路、水路、铁路、航空等各种运输方式。HMR针对各种形式的危险品运输，对危险品的分类、包装、标记、标签、装运、负载、运输、卸载明确规定；同时，也囊括安全计划、安全培训、散装货物集装箱和气瓶等管理规章。HMR与国际危险品运输管理规章之间的协调工作，则是由美国管道与危险物品安全管理局进行。

日本对危化品的运输管理主要集中在《消防法》（Fire Service Act）。《消防法》是日本政府制定的法律，旨在确保危化品的生产、运输、储存和使用过程中的安全，并规定了相关管理措施和标准。根据《消防法》，日本危化品的生产准入、申请机制、研究场所位置、消防、管理、存储和运输等方面都有了相应的标准和规定。这些规定包括危化品的分类、标记、包装、运输工具的要求等，旨在确保危化品的安全运输和使用。此外，《消防法》还规定了安全管理者、监督者、执业者的准入、任免等具体要求。这些人员在危化品的生产、运输、储存和使用过程中扮演着重要的角色，他们需要接受相关培训和持证上岗，以确保他们具备必要的知识和技能来管理和操作危险化学品。

（二）明确监管主体，厘清职能边界

在美国和欧盟等地区，危化品运输的监管体系主要由一个或几个关键管理部门主导，这些部门负责企业、运输车辆、专业人员的资格认证，包括车辆的安全技术标准、准入标准，以及货物装载、运输过程的全程监管。这些职责涵盖了从企业运营到路面执法的各个环节，确保了运输的合规性和安全性。

在美国，运输部专门设立了负责管道和危险货物运输的机构，即管道与危险货物运输管理局，它在美国的东部、中部、西部、南部和西南部，设立了五个区域办公室。此外，危险货物运输的管理职责被细化到了机动车安全管理局等内部部门，设置了专门的管理处来处理相关事务。

欧洲在危化品物流运输中明确了各方的职责要求，包括托运人、承运人、收货人、装货人和包装人、充装人的角色和义务。通过明确各方的职责和义务，欧盟在危险化学品运输中建立了一个全面而有效的管理系统，以确保运输过程的安全和可靠。危化品物流运输岗位基本职责和义务见表1-5。

表1-5 危化品物流运输岗位基本职责和义务

危化品物流运输岗位	基本职责和义务
托运人	负责向承运人提供完整的信息，包括危化品的性质、危险程度和相应的安全措施
承运人	确保危化品运载工具安全，并配备用于运载工具的设备设施，保证装载及运输作业的可操作性，并在作业过程中实施监控和检查
包装人	负责按照ADR规定的包装和标志要求，对危化品进行包装
充装人	负责在充装危化品货物之前，核实罐体和相关设备的状态，确保罐体没有超过使用维护期限，并核实罐体是否适用于运输工作，以确保货物的安全性和完整性
装货人	负责在装货前核实危化品的数量和质量，并在有认可资质的条件下将危化品货物交付承运人
收货人	负责接收危化品货物，并对运载工具和容器进行清洗、净化和去除危险货物标志

（三）提升准入条件，深化企业管理

德国在危化品运输准入方面，实施了严格的准入标准。首先，企业必须成为德国道路运输企业联合会的成员。其次，申请者需满足严格的资格要求，如企业负责人需无犯罪和违规记录，且企业需具备一定的财务基础，包括初始资金，若计划增加车辆，还需额外提供资金，确保这些资金被存入银行账户并冻结。一旦申请通过，相关机构就会颁发运营许可，并要求企业办理必要的保险。然而，即使满足了这些条件，企业及其员工最初也只能从事普通货物运输。要进行危险货物运输，他们还需通过专门的考试，取得危险货物运输特许证。该证书的有效期为五年，到期后需要重新进行资格审查和考试才能继续从事危险货物运输工作。

（四）完善监管体系，政府规范引导

在美国，运输部实施了机动车承运人监管体系。第一，数据收集。通过路检路查执法、运输事故报告等途径，收集承运人的运营数据，包括驾驶行为、工作时间、驾驶员资质、是否存在酒驾或毒驾行为、车辆维护情况以及危险货物运输的合规性。第二，量化分析。对收集的数据进行深入分析，重点关注不安全驾驶行为、超时工作等问题，以及各方面的违法率和安全风险，通过数据模型确定哪些环节存在问题。第三，安全评估。根据量化分析结果，采用“红、黄、蓝”三级分类评估体系，对承运人的安全管理状况进行评级，红色代表严重风险，黄色代表中等风险，蓝色代表较低风险。第四，监督检查。根据评估结果，实施差异化监管，对管理规范的企业可能每两三年进行一次全面检查，而对于存在安全隐患的企业则会进行更频繁的检查，甚至可能每月或每季度进行一次。这一体系的实施显著提高了美国对危化品运输监管的精准性和效率，通过有针对性的措施，如发放警告书、加强现场检查等，减少了企业的违章行为，从而整体提升了危化品道路运输的安全水平。

在加拿大，运输部则在危险货物运输托运环节实施了托运人安全量化评估体系，包括评估因素、量化方法以及监管指导。第一，风险评估因素。评估的因素主要包括托运货物的风险程度、运输量、运输距离以及运输频次等。这些因素可以帮助确定托运人在危险货物运输过程中所面临的潜在风险程度。第二，量化评估方法。针对上述因素，加拿大运输部可能采用一定的数值指标或者模型进行量化评估，以便对托运人的安全风险进行客观的定量评估。第三，针对性指导和监管。对于被评估为安全风险较高的托运人，运输部将提供有针对性的指导和监管措施，以帮助他们降低风险，确保危险货物运输的安全性。这一评估体系有助于加拿大运输部更加准确地识别和重点监管那些在危险货物运输中可能存在较高风险的托运人，从而提升了危险货物运输的安全水平。

北美和欧洲国家政府机构进行大量研究，为危化品物流运输制定相关法规。比如，美国交通部颁布《危险品公路运输线路甄选指标应用指南》（Highway Routing of Hazardous Materials Guidelines for Applying Criteria，以下简称《指南》），旨在规范和指导危险物质运输路线的规划和制定，为企业提供用于确定危险物质道路运输风险的参考标准。企业参照《指南》以及其他等同效用的风险分析，对道路种类、事故率、平均日交通量（ADT）、人口密度或土地利用特征等要素进行系统梳理和分析，将道路划分为不同的风险路段，各路段风险汇总成道路整体风险。2009年，美国交通部与美国国土安全局联合发布《危险物质高速公路路线规划指南》，其中明确要求危险物质运输企业必须根据地理信息系统（GIS）制定运输线路，并提供了成本效益分析的边界条件，供运输企业在具体业务中参考使用。又如，ADR对危险货物在公路运输过程中可能出现的问题进行了详细的规范和限制。基于国际通用的化学品分类标准，ADR罗列出危险货物的清单以及运输过程中的相关要求，包括车辆准备、检验、装卸、运输等各个环节，充分考虑道路结构、天气、地震、事故等安全因素，为危险货物运输车辆设计特定的路线，避开人口密集区、环境敏感区、工业区及危险道路，如果无法避免，则进行专业风险评价，内容包括替代路线的可能性和适用性、交通状况和管制，以及火灾、爆炸和有毒物质泄漏可能带来的严重后果。ADR还为企业提供了一份“危险货物公路运输风险计算指导手册”，运用事故树分析和定量风险分析，结合历史数据，将风险量化，帮助企业预测和管理危险货物运输风险。

（五）优化应急体系，提升救援效率

美国和加拿大的危化品运输应急救援团体由企业、区域性互助组织和政府部门等多方组成，其中，政府在提供公共应急救援咨询服务方面发挥着关键作用。

在加拿大，运输部下设运输应急中心，负责全国危化品运输应急反应的技术咨询和指导工作，为危化品运输企业、社会公众和相关救援力量提供24小时电话咨询服务。各省也设有应急分中心，主要负责处理本省的应急事务。加拿大运输应急中心拥有功能强大的数据库，收录了约150万份化学品安全技术说明书，包括品名、理化性质、制造原材料、用途和应急措施等数据资料。根据地区和危险货物的不同类别，建立了专家库系统，以便在事故发生时快速联系具有丰富应急处置经验的专家或救援组织。此外，加拿大还建立了两个危险货物运输应急演练培训基地，每年危化品相关从业人员都要在此接受理论和实践培训，并参加各种应急演练。

另外，美国运输部、加拿大运输部和墨西哥运输及通信部共同制定了《应急救援指南》，对每类危险货物发生事故后存在的潜在危险和公共安全影响进行分析，制定了相应的应急救援措施，制作了应急救援卡，确立了应急救援初始隔离距离和防护距离。这些措施为应对危险货物运输事故提供了重要的指导和支持。

二、国外危化品物流运输安全企业经验借鉴

（一）英国石油公司——加强培训提升意识

英国石油公司（以下简称“BP公司”），是一家全球领先的能源企业，总部位于英国伦敦，成立于1909年，主要在全球范围内从事石油、天然气的勘探、开发、生产、炼制、销售及运输业务。BP公司在危化品物流运输领域高度重视对一线作业人员的行为分析，这是确保安全运营和降低事故风险的关键措施之一。对作业人员的行为进行深入分析，BP公司能够判断事故发生的偶然和非偶然因素，

从而对企业内部的管理流程和操作规程进行持续改进。

BP公司从影响驾驶员安全行为的因素入手，如疲劳驾驶、超速、分心驾驶、擅自改变路线等，以此来规范驾驶员的安全意识和行为规范，从而减少运输安全事故发生的可能性。

第一，疲劳驾驶。制定严格的驾驶时间和休息制度，规定司机每两周工作时长不得超过90小时，运输时长达到4.5小时就必须停车休息1小时，休息时间可根据情况调整，在驾驶状况良好的情况下可以一周有两次每天驾驶10～11小时，从而确保驾驶员适当的休息时长，避免长时间连续驾驶。

第二，超速。通过车辆GPS定位系统监控车辆的速度，设定车辆的最高速度限制，并对超速行为进行及时的警示和处罚。

第三，分心驾驶。BP公司禁止驾驶员在驾驶过程中使用手机或其他可能分散注意力的设备，推行“安全驾驶，专心驾驶”的理念。

第四，擅自改变路线。BP公司建立明确的路线管理制度，规定驾驶员在改变路线前需要经过上级审批，并通过GPS追踪系统监控车辆行驶路线。

BP公司通过以上措施，并结合定期开展的培训活动，全面规范驾驶员的行为和操作习惯，提高其安全意识和驾驶素养，从而有效降低交通事故的发生可能性，保障员工和公众的生命财产安全。

（二）德国巴斯夫——全供应链高效协同

德国巴斯夫（BASF），全称为巴登苯胺苏打工厂（Badische Anilin-und-Soda-Fabrik），是一家全球领先的化工企业，成立于1865年，总部位于德国路德维希港。巴斯夫以其创新化学解决方案而闻名，业务遍及全球，涵盖化学品、塑料、高性能产品、农产品及石油和天然气等多个领域。巴斯夫致力于实现全产业供应链的高效协同，除了企业自身各部门的紧密协作，还十分注重与外部合作伙伴之间的有效沟通。

巴斯夫在与合作的运输企业之间建立了完善的反馈机制，这一机制要求公司相关业务运营团队将安全理念融入日常管理之中，确保所有业务都记录在案并形成标准文档传递给运输企业，以此持续提升安全管理质量。同时巴斯夫与客户企业之间也建立了双向监督的管理制度，以加强与客户之间的沟通。巴斯夫会定期向客户提供业务总结报告，其中详细记录了配送次数、失误次数、事故发生次数及其原因。客户的反馈可以直接指导公司改进服务质量，而公司对事故原因的分析和监督则有助于发现潜在问题并及时加以解决。通过这一制度，巴斯夫实现了与客户更加紧密的合作关系，同时也确保了运输过程的透明度和可追溯性。

2

第二章

危化品物流运输安全管理制度标准与理论常识

危化品物流运输安全管理制度体系是确保危化品在物流运输过程中安全的重要保障，涉及法律法规、规章制度、规范标准等多个方面。炼油销售公司在总结多年来危化品物流运输经验的基础上，结合法律法规、国家标准和炼油销售公司《HSE 管理体系手册》等内容，重点梳理归纳与实际业务相关的法律、法规、政策及标准，希望能够引导承运商强化制度标准的学习和基本理论知识的掌握。

第一节 相关法律、法规、政策及标准

危险货物道路运输行业相关法律规定，首先，包括针对危险货物道路运输制定的和与道路运输相关的法律、行政法规、部门规章、地方性法规、行政规范性文件。其次，国家、行业制定的强制性道路运输相关标准，以及在相关法规中被引用的推荐性标准，也是从事道路运输必须执行的技术规范，具有与法律法规同等的效力。

一、相关法律、法规、政策及标准清单

（一）法律

《中华人民共和国突发事件应对法》（主席令〔2007〕第69号）（2024年11月1日起将执行2024修订版）

《中华人民共和国反恐怖主义法》（主席令〔2018〕第6号）

《中华人民共和国职业病防治法》（主席令〔2018〕第24号）

《中华人民共和国劳动法》（主席令〔2018〕第24号）

《中华人民共和国固体废物污染环境防治法》（主席令〔2020〕第43号）

《中华人民共和国消防法》（主席令〔2021〕第81号）

《中华人民共和国道路交通安全法》（主席令〔2021〕第81号）

《中华人民共和国安全生产法》（主席令〔2021〕第88号）

《中华人民共和国民法典》（主席令〔2020〕第45号）

《中华人民共和国刑法修正案（十二）》（主席令〔2023〕第18号）

（二）行政法规

《中华人民共和国道路交通安全法实施条例》（国务院令〔2017〕687号）

《中华人民共和国道路运输条例》（国务院令〔2023〕764号）

《放射性物品运输安全管理条例》（国务院令〔2009〕562号）

《危险化学品安全管理条例》（国务院令〔2013〕645号）

《民用爆炸物品安全管理条例》（国务院令〔2014〕653号）

《生产安全事故报告和调查处理条例》（国务院令〔2007〕493号）

《生产安全事故应急条例》（国务院令〔2019〕708号）

（三）部门规章

《危险货物道路运输安全管理办法》（交通运输部、工业和信息化部、公安部、生态环境部、应急管理部、国家市场监督管理总局令〔2019〕29号）

《危险废物转移管理办法》（生态环境部、公安部、交通运输部令〔2021〕23号）

《道路运输车辆动态监督管理办法》（交通运输部、公安部、应急管理部令〔2022〕10号）

《道路运输从业人员管理规定》（交通运输部令〔2022〕38号）

《道路运输车辆技术管理规定》（交通运输部令〔2023〕3号）

《道路货物运输及站场管理规定》（交通运输部令〔2023〕12号）

《道路危险货物运输管理规定》（交通运输部令〔2023〕13号）

《放射性物品道路运输管理规定》（交通运输部令〔2023〕17号）

《机动车驾驶证申领和使用规定》（公安部令〔2021〕162号）

《道路交通安全违法行为记分管理办法》（公安部令〔2021〕163号）

《生产安全事故应急预案管理办法》（应急管理部令〔2019〕2号）

《生产安全事故罚款处罚规定》（应急管理部令〔2024〕14号）

（四）交通运输部规范性文件

《道路运输驾驶员诚信考核办法》（交运规〔2022〕6号）

《道路运输企业主要负责人和安全生产管理人员安全考核管理办法》（交运规〔2019〕6号）

（五）国家标准

《危险化学品目录（2015版）》

《道路运输危险货物车辆标志》（GB 13392—2005）

《车辆驾驶人员血液、呼气酒精含量阈值与检验》（GB 19522—2024）

《汽车、挂车及汽车列车外廓尺寸、轴荷及质量限值》（GB 1589—2016）

《机动车运行安全技术条件》（GB 7258—2017）

《机动车安全技术检验项目和方法》（GB 38900—2020）

《道路运输液体危险货物罐式车辆 第1部分：金属常压罐体技术要求》（GB 18564.1—2019）

《道路运输液体危险货物罐式车辆 第2部分：非金属常压罐体技术要求》（GB 18564.2—2008）

《道路运输爆炸品和剧毒化学品车辆安全技术条件》（GB 20300—2018）

《危险货物分类和品名编号》（GB 6944—2012）

《危险货物例外数量及包装要求》（GB 28644.1—2012）

《危险货物有限数量及包装要求》（GB 28644.2—2012）

《汽车维护、检测、诊断技术规范》（GB/T 18344—2016）

《企业安全生产标准化基本规范》（GB/T 33000—2016）

《生产经营单位生产安全事故应急预案编制导则》（GB/T 29639—2020）

《危险货物运输应急救援指南》（GB/T 39652—2021）

（六）行业标准

《汽车驾驶节能操作规范》（JT/T807—2011）

《危险货物道路运输企业运输事故应急预案编制要求》（JT/T 911—2014）

《危险货物道路运输企业安全生产管理制度编写要求》（JT/T 912—2014）

《危险货物道路运输企业安全生产档案管理技术要求》（JT/T 914—2014）

《道路客货运输驾驶员行车操作规范》（JT/T 1134—2017）

《危险货物道路运输规则》（JT/T 617—2018）

《危险货物道路运输营运车辆安全技术条件》（JT/T 1285—2020）

《道路运输安全监督检查规范》（JT/T 1482—2023）

二、危化品道路运输相关规定

（一）国家层面

中共中央办公厅、国务院办公厅印发《关于全面加强危险化学品安全生产工作的意见》的通知（厅字〔2020〕3号）

国务院安全生产委员会关于印发《全国危险化学品安全风险集中治理方案》的通知（安委〔2021〕12号）

国务院安委会办公室印发《关于实施遏制重特大事故工作指南构建双重预防

机制的意见》（安委办〔2016〕11号）

（二）部级层面

财政部、应急部关于印发《企业安全生产费用提取和使用管理办法》的通知（财资〔2022〕136号）

交通运输部、中国银行保险监督管理委员会《关于做好道路运输承运人责任保险工作的通知》（交运发〔2013〕786号）

交通运输部、工业和信息化部、公安部、市场监管总局关于印发《常压液体危险货物罐车治理工作方案》的通知（交运发〔2021〕35号）

应急管理部关于印发《危险化学品企业安全风险隐患排查治理导则》的通知（应急〔2019〕78号）

国家统计局印发《道路运输行业行车事故统计调查制度》（国统制〔2021〕159号）

交通运输部印发《关于全面加强危险化学品运输安全生产工作的意见》（交安监发〔2020〕46号）

交通运输部印发《关于建立交通运输行政执法规范化长效机制的意见》（交法发〔2021〕115号）

交通运输部印发《交通运输安全生产专项整治三年行动巩固提升工作方案的通知》（交办安监〔2022〕23号）

交通运输部办公厅印发《关于优化道路运输车辆技术管理　便利开展车辆技术等级评定工作的通知》（交办运〔2020〕67号）

交通运输部办公厅关于印发《道路运输驾驶员应急驾驶操作指南（试行）》的通知（交办运函〔2021〕679号）

交通运输部办公厅印发《道路运输企业和城市客运企业安全生产重大事故隐患判定标准（试行）》的通知（交办运〔2023〕52号）

交通运输部安全委员会印发《关于开展危险化学品道路运输安全集中整治工作的通知》（交安委〔2020〕8号）

交通运输部印发《关于加强交通运输安全生产标准化建设的指导意见》（交安监规〔2023〕1号）

（三）中国石化层面

《中国石化危化品运输安全管理规定（试行）》

第二节　安全生产管理基本理论

现行的安全管理经过一系列理论研究发展，形成了包括HSE管理体系、职业健康安全管理体系、安全生产标准化体系等在内的一整套理论体系。这些体系均采用了策划（Plan）、实施（Do）、检查（Check）、改进（Action）动态循环的PDCA管理模式。通过企业自我检查、自我纠正、自我完善这一动态循环的管理模式，能够更好地促进企业安全绩效的持续改进和安全生产长效机制的建立。而安全生产管理理论的常识让我们能够更好地了解这一体系的形成、变迁及发展。

一、基本概念

安全生产根据现代系统安全工程的观点，一般意义上讲，安全生产是指在社会生产活动中，通过人、机、物料、环境的和谐运作，使生产过程中潜在的各种事故风险和伤害因素始终处于有效控制状态，切实保护劳动者的生命安全和身体健康。安全生产管理的目标是减少和控制危害或事故，尽量避免生产过程中由于事故所造成的人身伤害、财产损失、环境污染以及其他损失。安全生产管理的基本对象是企业的员工（企业中的所有人员）、设备设施、物料、环境、财务、信息等各个方面。安全生产管理包括安全生产法制管理、行政管理、监督检查、工艺技术管理、设备设施管理、作业环境和条件管理等。

（1）根据生产安全事故造成的人员伤亡或者直接经济损失，事故一般分为特别重大事故、重大事故、较大事故、一般事故四个等级，具体划分见表2-1。

表2-1　安全生产事故等级表

事故等级	死亡人数	重伤人数	直接经济损失
特别重大事故	30人以上	100人以上	1亿元以上

续表

事故等级	死亡人数	重伤人数	直接经济损失
重大事故	10～30人	50～100人	5000万～1亿元
较大事故	3～10人	10～50人	1000万～5000万元
一般事故	3人以下	10人以下	1000万元以下

注：该等级标准中所称的“以上”包括本数，所称的“以下”不包括本数。在衡量一个事故等级时按照最严重的标准进行划分。

（2）生产经营单位违反安全生产法律、法规、规章、标准、规程和安全生产管理制度的规定，或者因其他因素在生产经营活动中存在可能导致事故发生的物的危险状态、人的不安全行为和管理上的缺陷被称为事故隐患。按照危害程度和整改难度分为一般事故隐患和重大事故隐患。一般事故隐患是指危害程度和整改难度较小，发现后能够立即整改排除的隐患；重大事故隐患是指危害程度和整改难度较大，应当全部或者局部停产停业，并经过一定时间整改治理方能排除的隐患，或者因外部因素影响致使生产经营单位自身难以排除的隐患。

（3）根据系统安全工程的观点，风险是指系统中存在导致发生不期望后果的可能性超过了人们的承受程度。一般用风险度（风险等级）来表示危险的程度。交通运输行业安全生产风险等级由高到低统一划分为四级：重大、较大、一般、较小。风险等级大小（D）由风险事件发生的可能性（L）、后果严重程度（C）两个指标决定，即 $D=L\times C$。

（4）不对风险进行有效管理风险就会变成隐患，隐患得不到治理就会导致事故发生。风险和隐患并非递进和取代关系，出现隐患时风险非但没有消失反而变得更大，隐患不能及时治理，则很可能会发生事故。风险是客观存在并可以被认知的，通过全面辨识风险，采取管控措施可以降低风险。隐患主要来源于风险管控的薄弱环节，可以通过全面排查发现隐患，及时采取治理措施来消除隐患，从而防止事故的发生。

（5）危险源是指可能造成人员伤害、疾病、财产损失、作业环境破坏或其他损失的根源或状态。根据危险源在事故发生、发展中的作用可分为两类：第一类危险源是指生产过程中存在的，可能发生意外释放的能量决定了事故后果的严重程度，它具有的能量越多，发生事故后果越严重；第二类危险源是指导致能量或危险物质约束或限制措施破坏或失效的各种因素决定了事故发生的可能性。

（6）海因里希法则是美国安全工程师海因里希通过统计大量机械伤害事

故后得出一个重要结论。在机械事故中，伤亡、轻伤、不安全行为的比例为1∶29∶300，国际上将这一法则称为事故法则。这个法则说明，在当时的机械生产过程中，每发生330起意外事件，有300件未产生人员伤害，29件造成人员轻伤，1件导致重伤或死亡。在不同的生产过程和事故类型中，上述比例关系不一定完全相同，但这个统计规律说明了在同一项活动中，无数次意外事件必然导致重大伤亡事故的发生。企业安全生产管理的重点在于：努力消除事故隐患，减少未遂事故、一般事故发生，从而降低重特大事故的发生概率。

二、致因理论

事故致因理论是研究事故发生的原因和规律时，为预防和控制事故提供理论依据的安全科学理论。随着工业发展的不断推进和人们对安全认识的不断提高，事故致因理论经历了从单一因素到多种因素、从简单到复杂、从经验到科学的发展过程。以下是事故致因理论发展历程中的几个代表性理论。

（一）事故频发倾向理论

1939年，法默和查姆勃等提出了事故频发倾向理论。事故频发倾向是指个别容易发生事故的稳定的个人的内在倾向。事故频发倾向者的存在是工业事故发生的主要原因，即少数具有事故频发倾向的工人是事故频发倾向者，他们的存在是工业事故发生的原因。如果企业中减少了事故频发倾向者，就可以减少工业事故的发生。因此，人员选择就成了预防事故的重要措施，通过严格的生理、心理检验，从众多的求职人员中选择身体、智力、性格特征及动作特征等方面优秀的人才就业，而把企业中的所谓事故频发倾向者解雇。

（二）因果连锁理论

1. 海因里希事故因果连锁理论

海因里希把工业伤害事故的发生发展过程描述为具有一定因果关系事件的连锁，包括遗传及社会环境、人的缺点、人的不安全行为或物的不安全状态、事故和伤害。事故发生是一连串事件按照一定顺序，互为因果依次发生的结果，如图2-1所示。企业安全工作的中心就是防止人的不安全行为，消除机械或物质的不安全状态，中断事故连锁的进程而避免事故的发生。

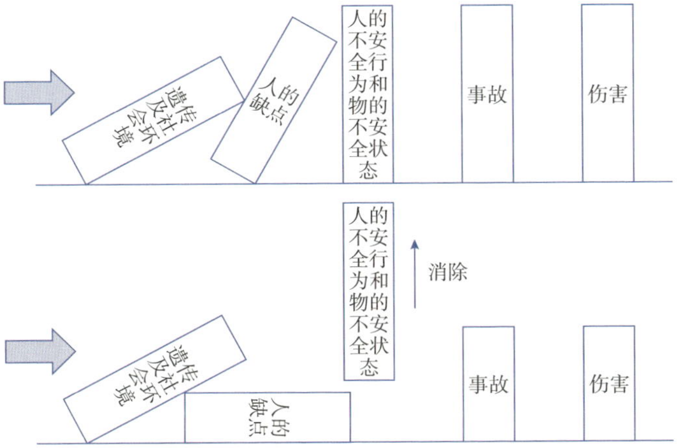

图 2-1　海因里希事故因果连锁理论

2. 现代因果连锁理论

博德在海因里希事故因果连锁理论的基础上，提出了现代事故因果连锁理论，如图2–2所示。

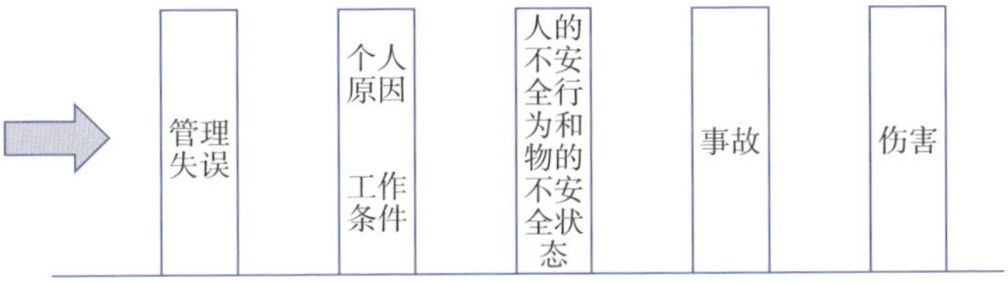

图 2-2　现代事故因果连锁理论

博德事故因果连锁理论主要观点包括以下5个方面，见表2–2。

表2–2　博德事故因果连锁理论

控制不足——管理	事故因果连锁中一个最重要的因素是安全管理。安全管理人员应该充分认识到管理的基本理论和原则
基本原因——起源	为了从根本上预防事故，必须查明事故的基本原因，并针对查明的基本原因采取对策。基本原因包括个人原因及与工作有关的原因
直接原因——征兆	不安全行为和不安全状态是事故的直接原因，这点是最重要的，必须加以追究的原因。事故调查报告中的事故直接原因指的是人的不安全行为、物的不安全状态
事故——接触	从实用的目的出发，往往把事故定义为最终导致人员肉体损伤和死亡、财产损失的不希望事件。但是越来越多的学者认为防止事故就是防止接触
受伤—损坏—损失	人员伤害及财物损坏统称为损失

（三）轨迹交叉理论

轨迹交叉理论认为一起伤亡事故的发生，除了人的不安全行为，一定还存在着某种物的不安全状态，并且不安全状态对事故的发生作用更大些。在事故发展进程中，人的因素运动轨迹与物的因素运动轨迹的交点就是事故发生的时间和空间，即人的不安全行为与物的不安全状态相遇，则将在此时间、空间发生事故。轨迹交叉理论作为一种事故致因理论，强调人的因素和物的因素在事故致因中占有同等重要的地位，可以通过避免人的不安全行为和物的不安全状态同时、同地出现，来预防事故的发生，如图2–3所示。

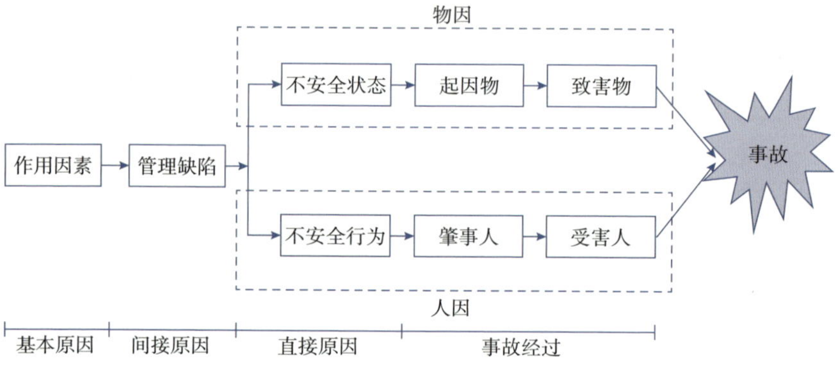

图 2–3　轨迹交叉理论事故模型

（四）系统安全理论

系统安全是指在系统寿命周期内应用系统安全管理及系统安全工程原理，识别危险源并使其危险性减至最小，从而使系统在规定的性能、时间和成本范围内达到最佳的安全程度。系统安全理论包括很多区别于传统安全理论的创新概念，目标就是控制危险源，努力把事故发生的概率降到最低，万一发生事故，把伤害和损失控制在最低程度上。

三、心理与行为

安全生产法要求生产经营单位关注从业人员的身体、心理状况和行为习惯，加强对从业人员的心理疏导、精神慰藉，严格落实岗位安全生产责任，防范从业人员行为异常导致事故的发生。

（一）人的行为模式

人的行为一般表现为自然和社会两种属性。自然属性是从生理学描述人的行为性质及其关系，而社会属性是从心理学和社会学描述人的行为性质及其关系。

1. 生理学意义的行为模式

人的生理学行为模式归纳为外部刺激、肌体感受（五感）、大脑判断（分析处理）、行为反应和目标完成。各环节相互影响、相互作用，构成了个人千差万别的行为表现。

2. 社会学意义的行为模式

从人的社会属性角度分析，人的行为遵循图2–4所示的行为模式，动机与行为存在着复杂的联系，同一动机可引起不同的行为，同一行为也可出自不同的动机，而合理的动机也可能引起不合理甚至错误的行为。

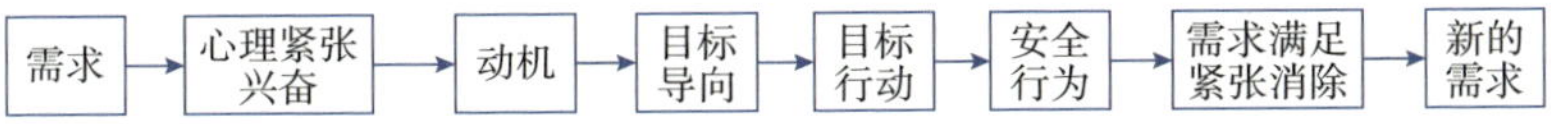

图2–4　行为模式

（二）影响人行为的因素

影响人行为的因素是多方面的，包括个性心理、社会心理、生理等，既有客观性因素，也有主观性因素。对于客观性因素，主要从遵从适应性原则，应用教育的方法来有效控制；而对于主观性因素，则需要通过管理、监督、自律、文化建设等方法来进行控制。

1. 个性心理特征对人行为的影响

人的性格、气质、能力与情绪都是对人行为影响的重要因素见表2–3。

表2–3　个性心理特征对人行为的影响

影响因素	影响
性格与安全	事故的发生率和人的性格有着非常密切的关系，无论技术多么好的操作人员，如果没有良好的性格特征，也会经常发生事故
气质与安全	气质是指人的心理活动的动力特征，主要表现在心理过程的强度、速度、稳定性、灵活性及指向性，是个性心理特征之一。分析职工的气质类型，合理安排和支配，对保证工作时的行为安全有积极作用
能力与安全	作为管理者应重视员工能力的个体差异，首先要求能力与岗位职责匹配，其次发现和挖掘员工潜能，通过培训再次提高员工的能力，使得团队合作在能力上相互弥补

续表

影响因素	影响
情绪与安全	处于兴奋状态时，人的思维与动作较快；处于抑制状态时，人的思维与动作显得迟缓；处于强化阶段时，人往往有反常的举动，同时从情绪看，有可能发生思维与行动不协调、动作之间不连贯现象

2. 个性倾向性对人的行为的影响

心理学家马斯洛将人的需要按其迫切程度排列成五个等级层次，如图2-5所示。生理需求是人维持自身生存的最基本要求；安全需求是人类要求保障自身安全、摆脱事业和丧失财产威胁、避免职业病的侵袭、接触严酷的监督等方面的需要；社会需求是随着生理需要和安全需要的实质性满足，个人以归属与爱的需要作为其主要内驱力；尊重需求是指人人都希望自己有稳定的社会地位；最高层次是自我实现需求，指实现个人理想、抱负，发挥个人的能力到最大限度。安全需要是人的基本需要之一，并且是低层次需要，如果没有保证生产安全的必要条件，那么这种客观的不安全会使人产生心理上的不安全感。

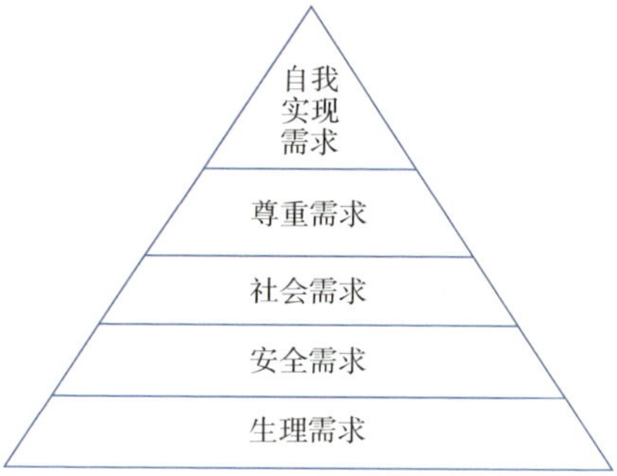

图 2-5　马斯洛需求层次理论

个体的动机和行为之间的关系主要表现在行为总是来自动机的支配，某种行为可能同时受到多种动机的影响，有一些动机起着主导作用，另一些动机起辅助作用，同时一种动机也可能影响多种行为。

四、安全文化

文化是一种无形的力量，影响着人的思维方法和行为方式。可以利用文化的导向、凝聚、辐射和同化等功能，引导全体员工采用科学的方法从事安全生产活动。利用文化的约束功能，一方面形成有效的规章制度的约束，引导员工遵守安全规章制度；另一方面通过道德规范的约束，创造一种团结友爱、相互信任，工作中相互提醒、相互发现不安全因素，共同保障安全的和睦气氛，形成凝聚力和信任力。利用文化的激励功能，使每个人明白自己的存在和行为的价值，体现出自我价值的实现。持之以恒地坚持企业安全文化建设，在企业形成尊重生命的价值观，形成统一的思维方式和行为方式，进而提升企业安全目标、政策、制度的贯彻执行力。

（一）安全文化的发展及内涵

安全文化建立的过程有四个发展阶段，包括自然本能阶段、严格监督阶段、独立自主管理阶段、团队互助管理阶段，这就是对安全文化理论的模型总结。安全文化一般可以分为三个层次，包括直观的表层文化、企业安全管理体制的中层文化和安全意识形态的深层文化。企业安全文化既是尊重人权、保护人的安全健康的实用性文化，也是人类生存、繁衍和发展的高雅文化。要使企业员工以企业安全为荣就要在员工的心灵深处树立起安全、健康、高效的个人和群体的共同奋斗意识。

（二）企业安全文化的基本特征

企业安全文化与企业文化目标是基本一致的，安全文化更强调企业的安全形象、安全奋斗目标、安全激励精神、安全价值观和安全生产及产品安全质量、企业安全风貌及“商誉”效应等，是企业凝聚力的体现，对员工有很强的吸引力和无形的约束作用，能激发员工产生强烈的责任感。安全文化对员工的影响是潜移默化的，能在不经意间改善人的心理及行为。

（三）企业安全文化的主要功能

（1）导向功能。企业安全文化所提出的价值观为安全管理决策活动提供了企业大多数职工所认同的价值取向，能将企业的价值观内化为个人的价值观。将企业目标内化为个体的行为目标，使个体的目标、价值观、理想与企业统一。

（2）凝聚功能。当企业安全文化所提出的价值观被企业职工内化为个体的价值观和目标后，就会产生一种积极而强大的群体意识，将每个职工紧密地联系在一起，从而形成了凝聚力和向心力。

（3）激励功能。企业安全文化所提出的价值观向员工展示了工作的意义，员工在理解工作的意义后，会产生更大的工作动力。一方面用企业的宏观理想和目标激励职工奋发向上；另一方面也为职工个体指明了发展方向，使其有了具体的奋斗目标。

（4）辐射和同化功能。企业安全文化一旦在一定的群体中形成，便会对周围群体产生影响并迅速向周边辐射。同时同化一批又一批新来者，使他们接受这种文化并继续保持与传播，使企业安全文化的生命力得以持久。

（四）企业安全文化的应用

以杜邦公司为例，在保障营业收入的同时，也创造了不同凡响的安全业绩。其将健康、安全和环境即HSE作为企业的核心价值之一，杜邦安全文化经历了4个发展阶段，见表2-4。

表2-4 杜邦安全文化发展阶段

阶段	状态
自然本能反应阶段	处在该阶段的企业和员工对安全的重视仅仅是一种自然本能保护的反应，员工对安全是一种被动的服从，缺少高级管理层的参与
严格监督阶段	处在该阶段的安全行为特征是：各级管理层对安全责任作出承诺。员工被动地执行安全规章制度，管理人员严格监管员工的工作，保证生产安全
独立自主管理阶段	此阶段企业已具有良好的安全管理体系，安全意识深入人心，把安全视为个人成就
团队互助管理阶段	此阶段员工不但自己遵守各项规章制度，而且还帮助别人遵守各项规章和制度，不但观察自己岗位上的不安全行为和条件，而且还留心观察其他岗位上的员工。把自己掌握的安全知识和经验分享给其他同事。关心其他员工，提醒安全操作。员工将安全作为一项集体荣誉

杜邦以安全文化为核心，制定了十分严格甚至近乎苛刻的安全防范措施。正是这些苛刻的措施，令杜邦的员工感到十分安全。杜邦在全球所有机构中，均设有独立的安全管理部门和专业管理人员。安全专业人员与现场安全协调员共同组成完整的安全管理网络，保证安全信息和管理功能畅通地到达各个生产环节。杜邦创建了一整套完善的安全管理方案及操作规程，全体员工严格按照方案和操作规程工作，并主动参与危险的识别和消除工作，确保将安全隐患消灭在萌芽状态。

第三节　危化品物流运输托运人、承运人安全责任

危化品物流运输中托运人、承运人都要履行好各自的安全责任，才能确保危化品物流运输安全。许多法律法规和行业标准对危化品道路运输作出了相关要求，《危险货物道路运输安全管理办法》《危险货物道路运输规则》（JT/T 617—2018）是为加强危险货物道路运输安全管理，预防危险货物道路运输事故，保护人民群众生命安全、环境安全和财产安全，针对危险货物分类、包装、标签、托运程序等进行了明确规定，其中对托运人、承运人的安全管理责任有明确要求，这里就以此为例对危化品物流运输过程中托运人、承运人应扮演什么样的角色、发挥什么样的作用进行阐述。

一、托运人安全管理责任及要求

托运人又称"货主"是委托承运人运送货物（行李或包裹）并支付运费的社会组织或个人。交通运输部强调运输源头安全管理需强化，明确了作为运输源头的托运人义务包括提供危险货物托运清单、确定危险货物信息、妥善包装、标志设置及相关单证报告提供等内容。

（一）法律法规要求

《危险货物道路运输安全管理办法》（以下简称《办法》）第7条指出，托运人需制定危险货物道路运输作业查验、记录制度，以及人员安全教育培训、设备管理和岗位操作规程等安全生产管理制度。对本单位相关从业人员需进行岗前安全教育培训和定期安全教育。未经岗前安全教育培训考核合格的人员，不得上岗作业。安全教育培训及考核记录需妥善保存，岗前安全教育培训及考核记录保存至相关从业人员离职后12个月，定期安全教育记录保存期限不得少于12个月。简而言之，就是对本单位从事危险货物的相关人员，需要进行岗前安全教育培训和定期安全教育，考核不合格的人员，不得上岗作业（图2-6）。

图 2-6　上岗前需安全培训合格

《办法》第9条和第15条指出，托运人需委托具有相应危险货物道路运输资质的企业承运危险货物。另外，托运特殊的危险货物时，需获得相应的资质，并提供给承运人。《办法》第10条、第12条、第13条、第18条指出，托运人应按照《危险货物道路运输规则》（JT/T 617—2018）确定危险货物的类别、项别、品名、编号、包装、标志要求，遵守相关特殊规定要求；需要添加抑制剂或者稳定剂的，或者托运有限/例外数量危险货物的，均需告知承运人；需向承运人提交电子或者纸质形式的危险货物托运清单，托运有限/例外数量危险货物的需在托运清单中注明例外数量危险货物以及包件的数量，有限数量危险货物以及包件的数量、总质量。托运清单涉及的内容包括危险货物的托运人、承运人、收货人、装货人、始发地、目的地，危险货物的类别、项别、品名、编号、包装及规格、数量，应急联系电话等信息，以及危险货物危险特性、运输注意事项、急救措施、消防措施、泄漏应急处置、次生环境污染处置措施等信息。托运人应妥善保存危险货物托运清单，保存期限不得少于12个月。《办法》第14条指出，托运人应当在危险货物运输期间保持紧急联系电话畅通。《办法》第11条指出，托运人不得在托运的普通货物中违规夹带危险货物，或者将危险货物匿报、谎报为普通货物托运（图2–7）。

图 2-7　托运人交付托运清单、叮嘱应急电话

（二）炼油销售公司履行托运人管理要求

炼油销售公司作为托运人履行管理要求，按照“以人为本、安全第一、预防为主、综合治理”的HSE方针，压实承运商主体责任，确保货物出厂、运输安全，向着“零伤害、零污染、零事故”的HSE愿景目标奋进。

（1）制定完善的承运商准入标准，选取合格的承运商。

（2）强化对承运商及司押人员关于炼油销售公司对危化品物流运输安全管理规定和管理要求的培训。

（3）由各危化品生产企业向提货承运商提供化学品安全技术说明书（Material Safety Data Sheet，MSDS），明确危险货物的类别、项别、品名。

（4）以信息系统为依托下发托运清单，明确托运人、承运人、收货人、装货人、始发地、目的地，及货物的类别、项别、品名、编号、包装及规格、数量。下发HSE告知卡和“135”应急卡（“135”应急卡在第六章节第四节进行详细展示），并要求承运商随车携带，要求司押人员清楚危化品物流运输注意事项、应急措施、应急联系电话等信息。

（5）制定危化品运输车辆自检项目标准并通过视频拍摄的方法落实检查情况，确保车辆资质符合要求，车辆车况符合运输要求。

（6）建立运营调度中心，通过信息化手段对承运车辆进行可视化监控管理，将安全管理前移。

（7）与中石化安全工程研究院签订合作协议，建立24小时紧急联系电话。

（8）建立完善的考核指标，对承运商及承运车辆进行月度、年度及专项考核，与承运商签订HSE考核协议，积极引导承运商向标准化、规范化转型。

二、承运人安全主体责任及要求

承运人要保证将所运输的货物按时、安全地送达目的地。承运人应对货物在运输过程中发生的货物灭失、短少、污染、损坏等负责，对危化品物流运输承担安全主体责任。承运人首先要确保公司、车辆、人员资质符合要求，其次确保人员状态和车辆状况符合危化品运输要求。

（一）法律法规要求

承运人应当制定危险货物道路运输作业查验、记录制度，以及人员安全教育培训、设备管理和岗位操作规程等安全生产管理制度。按照相关法律法规和《危险货物道路运输规则》（JT/T 617—2018）的要求，对本单位相关从业人员进行岗前安全教育培训和定期安全教育。未经岗前安全教育培训考核合格的人员，不得上岗作业。承运人应当妥善保存安全教育培训及考核记录。岗前安全教育培训及考核记录保存至相关从业人员离职后12个月；定期安全教育记录保存期限不得少于12个月。

危险货物承运人应当按照交通运输主管部门许可的经营范围承运危险货物，不得挂靠经营。《办法》第23条指出，危险货物承运人应当使用安全技术条件符合国家标准要求且与承运危险货物性质、重量相匹配的车辆、设备进行运输。危险货物承运人使用常压液体危险货物罐式车辆运输危险货物的，应当在罐式车辆罐体的适装介质列表范围内承运；使用移动式压力容器运输危险货物的，应当按照移动式压力容器使用登记证上限定的介质承运。危险货物承运人应当按照运输车辆的核定载质量装载危险货物，不得超载。《办法》第24条指出，危险货物承运人应当制作危险货物运单，并交由驾驶人随车携带。危险货物运单应当妥善保存，保存期限不得少于12个月。危险货物运单格式由国务院交通运输主管部门统一制定。危险货物运单可以是电子或者纸质形式。运输危险废物的企业还应当填写并随车携带电子或者纸质形式的危险废物转移联单。《办法》第25条指出，危险货物承运人在运输前，应当对运输车辆、罐式车辆罐体、可移动罐柜、罐式集装箱（以下简称“罐箱”）及相关设备的技术状况，以及卫星定位装置进行检查并做好记录，对驾驶人、押运人员进行运输安全告知。《办法》第26条指出，危险货物道路运输车辆驾驶人、押运人员在起运前，应当对承运危险货物的运输车辆、罐式车辆罐体、可移动罐柜、罐箱进行外观检查，确保没有影响运输安全的缺陷（图2–8）。

危险货物道路运输车辆驾驶人、押运人员在起运前，应当检查确认危险货物运输车辆按照《道路运输危险货物车辆标志》（GB 13392—2013）的要求安装、悬挂标志。运输爆炸品和剧毒化学品的，还应当检查确认车辆安装、粘贴符合《道路运输爆炸品和剧毒化学品车辆安全技术条件》（GB 20300—2018）要求的安全标示牌。《办法》第27条指出，危险货物承运人除遵守本办法规定，还应当遵守《道路危险货物运输管理规定》有关运输行为的要求。

图 2-8　起运前安全检查

（二）炼油销售公司对承运人的管理要求

承运人作为危化品物流运输安全管理的主体责任单位，制定标准制度体系对确保危化品物流运输安全管理尤为重要，在满足国家、行业法律法规的基础上，还要更进一步符合托运人的管理要求。炼油销售公司对合作的承运商提出了更高的安全管理要求，用以确保配送货物的运输及数质量安全，特别是以下几个方面（详细要求见后序章节）。

1. 承运商及车辆管理要求

所有与炼油销售公司合作的危化品承运商在签订合同前，都需要经过炼油销售公司准入认证和车辆“五统一”认证，确保承运商资质符合法规行规要求，避免挂靠车等安全管理风险。承运商所有车辆在开展运输业务前都要经属地驻厂办检查合格后，方能进入“运力池”并开展运输业务，同时在运输过程中接受托运人委托的第三方评价监督检查。

2. 车辆自检视频要求

所有与炼油销售公司合作的危化品承运车辆进行“运力池”管控，并在每日出车前必须按照炼油销售公司危化品车辆自检项目检查要求（详见附录 A4.1）进行车辆检查并录制车辆检查视频，由承运商安全管理人员检查合格后发送至炼油销售公司智慧物流 APP，由属地驻厂办人员检查及物流运营部业务人员抽查。

3. 人员培训

炼油销售公司要求合作承运商必须按照炼油销售公司标准对危化品物流运输人员进行岗前培训，所有司押人员证件录入系统，通过系统手段管控资质。只有线上考核合格且证件资质合格的司押人员才可通过系统拆单提货。同时，炼油销售公司属地驻厂办人员定期检查承运商人员培训情况。

4. 承运商监控室要求

与炼油销售公司有运输合同的所有危化品承运商必须建立符合要求的视频监控室，配备经培训合格后上岗的专职监控人员，每日对在途运输车辆进行滚动式全覆盖监控，建立监控台账，做好司押人员"画像"工作，明确奖惩措施，确保所有承接炼油销售公司业务的司押人员符合要求。

5. 配送线路管理要求

所有炼油销售公司危化品配送线路，承运商在运输前必须先进行线路踏勘，明确运输线路风险点及各段限速要求，并制作对应线路路卡，标注限速要求及需要注意的事项，司押人员在执行当日运输任务前必须熟悉当日线路路卡。

6. 人文关怀

承运商应当关注从业人员的身体、心理状况和行为习惯，加强对司押人员的心理疏导、精神慰藉，严格落实岗位安全责任，防范从业人员行为异常导致事故的发生。

本章小结

本章通过对法律法规、规章制度、安全理论、规范建设等方面的介绍，从宏观角度阐明了安全管理体系建设中必须考虑的内容和基本要求，重点讲述了《危险货物道路运输安全管理办法》中托运人、承运人的义务，介绍了事故频发倾向理论、因果连锁理论、轨迹交叉理论、系统安全理论等安全管理的经典理论，希望从业人员从根源上了解安全管理的逻辑。通过对安全文化的介绍，希望管理者能够认识到企业安全文化作为一种软实力能够起到的作用和意义，从而进一步强化安全管理意识，促进从业人员从"要我安全"向"我要安全"转变。

3

第三章

炼油销售公司全链条闭环物流运输安全管理模式

危化品物流运输作为危化品供应链的重要环节，其安全管理与整条供应链的安全管理息息相关。危化品供应链安全既包括前端的生产制造业安全、物流服务商安全，也包括终端的消费企业安全。目前，危化品物流企业在安全管理上呈现出安全管理基础薄弱、信息不通、衔接不畅、良莠不齐，只负责局部安全管理，未形成全链条协同及缺乏全链条管控的特点。作为危化品链上的核心企业，炼油销售公司主动承担起全链条管控的责任，通过全方位、多视角、可视化的手段对相关的物流设施、运输过程及现场人员等情况进行综合管理、运营调度、数据分析和应急指挥，并将自身严格的安全管理理念和模式输出给物流服务商，从而提升整个危化品供应链参与企业的安全意识和管理水平。

第一节 全链条闭环物流运输安全管理模式的设计思想与理念

炼油销售公司对危化品物流承运商（承运商即承运人，本章节及后序章节延续使用实际业务中“承运商”的称谓）的管理始于2015年饱和液化气互供，基于当期危化品物流管理中诸多风险因素，在理论中充分调研论证，在管理实践中不断总结经验，广泛吸取系统内外、国内外相关企业优秀的危化品物流安全管理经验，积极探索改进，在2017年初步建立了一套符合自身情况的危化品物流全链条闭环安全管理模式，并在后续的实践中不断发展与完善，2022年基本完成体系建设。

一、全链条闭环安全管理模式的设计思想

炼油销售公司全链条闭环安全管理模式的设计思想概括起来就是“十二字”，即“三个坚持、四个促进、一个落实”。这“十二字”的提出，将承运商管理从原先说教式、灌输式“授之以鱼”的传统模式，转变为互动式“授之以渔”的新做法，从而激发了承运商的主动性与能动性，强化了本质安全。全链条闭环安全管理模式指导思想释义如图3-1所示。

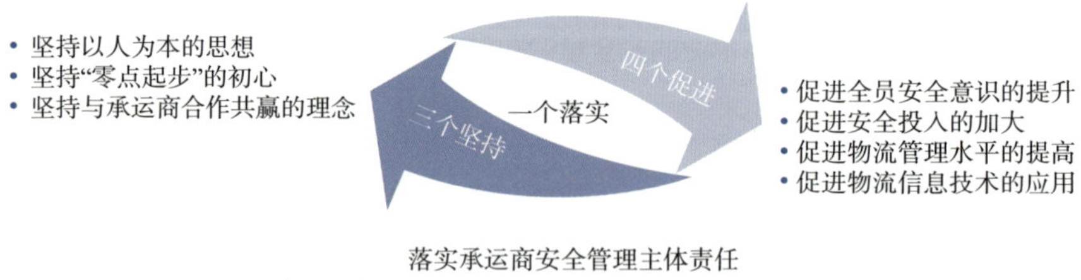

图3-1 全链条闭环安全管理模式指导思想

（一）三个坚持

通过“坚持以人为本的思想、坚持零点起步的初心，坚持合作共赢的理念”来明确管理的方向与目标。其中：

（1）坚持“以人为本”的思想。第一，人是生产过程中最活跃的要素，是安全生产的实践者，因此安全管理应把司押人员的生命安全放在第一位；第二，安

全管理旨在实现人的价值、保护人的生命安全与健康，这体现了“以人为本”的基本理念；第三，安全管理要求充分发挥每个人的主观能动性，使各级人员自身的潜能得到充分的发挥，这有助于提升全社会的安全素质。

（2）坚持“零点起步”的初心。对于安全而言，所有取得的成绩都是昨天的，今天一切都是从零开始。安全工作要始终从“零”抓起，这既是安全工作的内在规律，也是做好安全工作的客观要求。在实际工作中，就是要围绕“零”起点组织安全教育，强化居安思危的忧患意识；做到“零”距离发现问题，掌握抓安全工作的真情实况；实现“零”缺陷解决问题，切实消除安全隐患；开展“零”违章活动，将事故的苗头消灭在萌芽状态。

（3）坚持与承运商“合作共赢”的理念。危化品物流运输涉及“装、卸、停、运”四个环节，通俗地说就是“三点一线”，其中承运商、生产企业和炼油销售公司虽然在其中扮演着不同的角色，但各方有着同样做大、做强、做优的奋斗目标，即为命运共同体，因此合作共赢是共同发展壮大的必由之路。

（二）四个促进

通过“促进全员安全意识的提升；促进安全投入的加大；促进物流管理水平的提高；促进物流信息技术的应用”来强调抓物流安全管理的手段与方法，从而促进承运商在安全管理意识、硬件设施建设、员工人文关怀和信息化建设领域的不断进步与提升。

（三）一个落实

“明确承运商安全管理主体责任，督促承运商落实安全管理主体责任。”这一指导思想是2018年炼油销售公司在宁波举办的物流工作会议上正式提出的，并得到广大承运商的普遍认可，也成为炼油销售公司与承运商共同的行为准则。众多承运商不仅接受炼油销售公司的管理理念，更是将此理念融入公司管理，作为物流安全管理的行动指南，见图3–2。

图 3–2　承运商融合的安全管理思想展示图

二、全链条闭环物流运输安全管理模式的设计架构

全链条闭环安全管理模式的设计架构是基于PDCA的管理方法，模式的设计包括“事前准入评估、事中过程管控、事后考核改进”三大核心要素，演绎出“一审、双证、百规、七查、两核、一实、零目标”七个关键管控环节，形成了以标准化、规范化、属地化、信息化为特征的管理特点，展现了“从严管理、全程量化、持之以恒、科学评价、公平公正”的管理内涵，建立了一套行之有效的“7+2”“曝光榜”“运力池”、视频自检等“管理工具箱”，具体演变过程和三者关系如图3–3及图3–4所示。

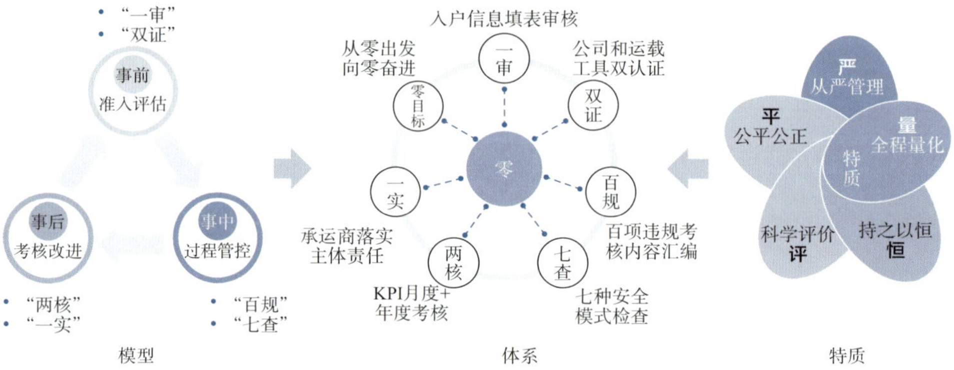

图3–3　模型、体系与特质关联示意图

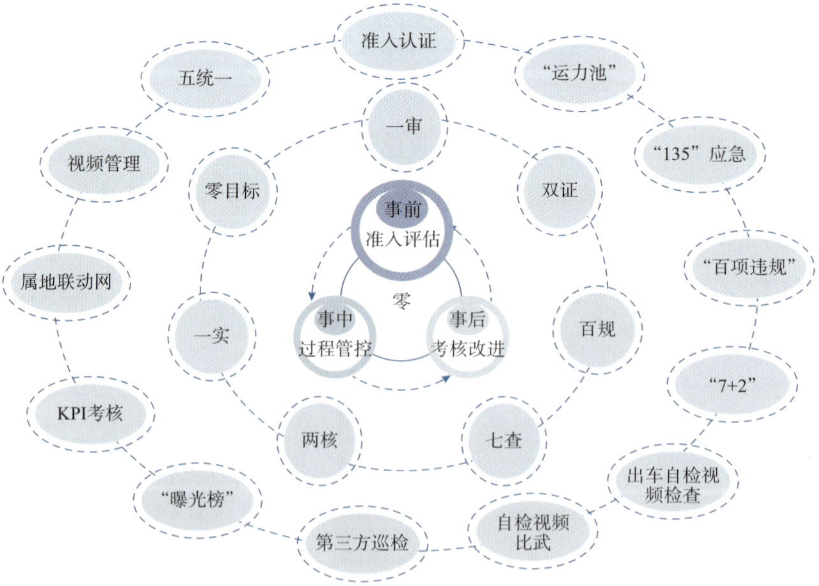

图3–4　全链条闭环安全“管理工具箱”示意图

如图3-4所示，核心层要素为“事前准入评估、事中过程管控、事后考核改进”。在危化品物流运输的始发阶段进行严格的风险评估和准入标准审核，确保承运商和运载工具达到安全标准。在运输过程中，通过实时监控和事前干预措施，快速响应和处理安全隐患，将风险消灭在萌芽状态。事后考核和改进则是通过数据分析和反馈机制，持续优化安全管理措施和流程，确保全链条的安全性和稳定性。由此衍生出“中间层”七个关键控制环节：

“一审”“双证”是通过制定的准入标准，委托第三方按照准入标准，对承运商资质和运载工具进行审查、审核，两项认证合格之后再发放准入证书，认证完成后才可开展危化品物流运输业务，促进承运队伍向规范化、标准化转变。

“百规”是紧扣危化品物流接、卸、运三个主要环节，对“百项违规”进行管控。依据国家、企业和行业政策法规并结合炼油销售公司管理要求，将“百规”分为“设施设备、人员行为和公司管理”三大类，按A、B、C、D四个风险管控等级，明确“百项违规”的管理要求。据此开展宣贯教育、第三方检查、网络竞赛、编制印发《物流安全管理手册》、制作教学视频等形式，让承运商及其管理人员、司押人员、监控人员学习掌握，形成内外统一、上下一致的管理标准和行为规范。

“七查”是依据“百规”标准，通过第三方日常检查、各级领导巡查、平台线上巡查、专业团队督查、业务部门督查、应急指挥中心检查、驻厂办属地化检查等七种方式，实现危化品物流运输全方位、多维度的安全风险排查与过程管控。

“两核”是按照“百规”设定的量化考核指标，通过“七查”形成的数据，对承运商实行月度和年度KPI考核，考核结果每月发布在“危化品运输安全监管工作简报”中，同时与月度承运业务分配和年度招标选商相挂钩，形成危化品承运商的闭环管理。

“一实”“零目标”是要压实承运商的安全管理主体责任，不断提升其自身安全管理水平，其终极目标是向着零违章、零事故、零伤害的愿景目标前进。

图3-4所示的“外围层”则是为保障七个关键控制节点的有效落实而衍生出的“管理工具”，如为实现过程管控的公正性、及时性、科学性，引入了第三方安全评价监督机制；为杜绝挂靠车辆制定“五统一”检查标准；为强化车辆本质安全建立了“曝光榜”管理机制；为杜绝高风险人员行为派生出“7+2”行为管控机制等，具体后篇还会详细介绍。

第二节　第三方安全评价监督机制

炼油销售公司全链条闭环安全管理模式一个很重要的环节就是引入了第三方安全评价监督机制。那么为什么引入第三方安全评价监督机制，它的作用和意义是什么？它在其中又扮演何种角色呢？

2016年4月，在饱和液化气配送的第二年，炼油销售公司在长沙召开危化品物流承运商工作会议。会上首次提出危化品物流运输管理最为薄弱的环节和最大的风险是对运输过程的监管不到位。如何能够对危化品配送运输过程实施动态管理？会后，通过走访系统内外知名的化工企业，如中国石化化工销售公司、巴斯夫、赛科石化、镇海炼化等寻求解决之道。在经过研究对比后，炼油销售公司最终决定引入第三方道路安全服务，对危化品物流运输业务进行过程评价与监督。

事实证明，第三方安全评价监督机制在炼油销售公司危化品物流运输安全管理进程中发挥了积极的作用。

一、第三方安全评价监督机制简介

第三方安全评价监督是指由独立的、具备相关资质的专业机构所提供的服务，旨在评价承运商在运输过程中的安全管理水平和符合性。这种评价是基于委托方制定的检查标准和要求，通过全面的准入审核和日常巡检监督，确保承运商的运营资质、安全管理体系、人员培训、设施设备的安全状况等符合要求，并出具统计分析报告和评价数据。

二、引入第三方安全评价监督机构的意义

引入第三方评价监督机构可以最大限度消除安全管理过程中的人为干扰等主观因素。通过第三方的独立评判，及时识别危化品物流运输过程中潜在重大风险。这种做法除提升了对承运商管理的科学性、公正性和时效性外，更重要的是加强物流安全管理的专业性、可控性和保障性。显而易见，第三方安全评价监督机构具备以下优势：

（1）专业知识与经验：第三方安全评价监督机构拥有丰富的安全管理经验，

可以提供专业的咨询与培训服务。

（2）系统性管理：第三方安全评价监督机构采用科学、系统的管理方法，结合企业实际情况进行全面的风险评估，并提供相应的预防措施和改进建议。

（3）独立监督与评估：第三方安全评价监督机构独立于企业，能够客观地对企业的安全体系运行进行监督和评估。可以发现问题并及时提出改善意见，帮助企业不断提升安全管理水平。

三、第三方安全评价监督项目

根据炼油销售公司制定的相关标准和要求，第三方评价监督机构对危化品承运商的营运资质、安全管理体系建设状况、组织运营管理水平、车辆硬件和安全附件等设施设备状况、主要负责人和从业人员的安全管理资质水平和培训状况——特别是司押人员日常操作的安全行为表现，进行全方位的准入审核、日常巡检监督，并根据审核和监督结果出具分析报告、提供公平公正评估考核数据，从而使炼油销售公司了解承运商的真实运营管理情况。同时协助炼油销售公司监督承运商按照标准运营管理、督促承运商不断提高安全意识和安全管理水平，切实有效地消除安全隐患、降低事故风险和发生的概率。第三方安全评价监督项目及内容见表3-1。

表3-1　第三方安全评价监督项目及内容

项目	项目内容
准入审核	对承运商的营运资质、安全管理体系、车辆设施设备、人员资质和培训状况等进行全方位的准入审核，确保承运商符合国家和炼油销售公司的安全管理要求
日常监督与巡检	通过现场巡检、视频监控等手段，对承运商的装卸和运输全过程进行实时监督，发现安全隐患并及时提出整改建议
风险评估与改进建议	对承运商的安全管理进行全面的风险评估，并根据评估结果提供相应的预防措施和改进建议，不断提升承运商安全管理水平

四、主要评价监督内容与工作模式

（一）评价监督内容

安全评价监督重点在三个重要领域：一是公路巡检抽查；二是GPS数据分

析；三是利用车载视频监控系统，对运输车辆、运输司机、运输路线、运输过程、装卸货过程进行全覆盖监控分析。共涵盖了车辆动静态等13个方面：

（1）动态检查项目：对司机驾驶车辆的动态情况进行检查，并记录司机的不规范操作和习惯性违章，纠正驾驶操作中存在安全隐患的行为。

（2）防御性驾驶监测：对驾驶员在行驶途中存在安全隐患的行为进行监测和提示。

（3）静态检查项目：对车辆的安全部件及配备设备进行综合检查，保障车辆在运行过程中处于设备的最佳状态，降低潜在的安全风险。

（4）车载视频数据监控及分析：定期抽查危化品物流承运商车载监控系统录像保存情况，采集指定小时数的录像（或由危化品物流承运商提供）并对车载监控录像进行分析并出具报告。

（5）GPS全程终端管理服务：在指定地区设置独立服务器用于GPS全程终端管理，以保证对所有在运车辆的有效监督。通过监控平台的18项主要功能，对相关车辆行驶数据进行分析，从而了解司机日常的驾驶习惯，对可能产生安全隐患的不良驾驶习惯有针对性地予以引导和纠正，进行事前干预，并确定司机的连续驾驶时间是否按照规则执行，杜绝司机疲劳驾驶；对车辆运行轨迹对比分析，确定车辆按照指定路线行驶在安全等级较高的公路上，降低安全隐患、减少事故发生的概率。

（6）车速监控：使用测速仪对于行驶的车辆进行现场实时测速，并结合车辆GPS速度检查司机在公路上，特别是弯道或急转弯道路上是否按照规定车速驾驶车辆。

（7）酒精测试：对承运车辆的驾驶员（含押运员）随机进行酒精测试（测试结果要求0mg/mL，标准高于国家规定的20mg/mL的酒后驾驶标准），坚决杜绝酒后驾车行为。

（8）毒品测试：对于承运车辆的驾驶员（含押运员）随机进行毒品（冰毒、吗啡、大麻、摇头丸、氯胺酮）测试，坚决杜绝毒驾行为。

（9）按照“两特两重”要求进行重点检查、测试和监督，并根据日常检查发现的问题，进行专项检查。

（10）检查新增及临时承运车辆的车辆安全状况。

（11）配合承运商进行内部安全管理审核。

（12）对“运力池”内长期停用的车辆启用前，进行全面安全检查，保障车辆处于安全状态，并在日常检查中进行重点跟踪检查。

（13）公路安全状况评估：对于公路的通行情况和安全状况提前进行实地调

查，实地了解公路的路面状况、车流量、人流量、周边居民的安全意识等情况，预测车辆行驶过程中可能遇到的安全风险，将数据提供给承运商，使驾驶员能够在驾驶中规避风险。

名称	公路巡检数据统计						防御性驾驶数据统计		酒精测试统计	
项目	检查车辆数(次数)	违规数量	A	B	C	D	监测量	提示数量	检验数量	违规数量(酒驾)
数量	[illegible]	[illegible]	[illegible]	[illegible]	[illegible]	[illegible]	[illegible]	[illegible]	[illegible]	[illegible]
名称	影像分析数据统计						调取SD卡数据统计		车辆测速统计	
项目	分析时长(小时)	违规数量	A	B	C	D	拿取SD卡数量(车次)	有效分析SD卡数量(车次)	检验数量	违规数量(超速)
数量	[illegible]	[illegible]	[illegible]	[illegible]	[illegible]	[illegible]	[illegible]	[illegible]	[illegible]	[illegible]
名称	自检视频数据统计						GPS数据统计		毒品测试统计	
项目	检查车辆数(次数)	违规数量	A	B	C	D	检验数量	违规数量(路线)	检验数量	违规数量(吸毒)
数量	[illegible]	[illegible]	[illegible]	[illegible]	[illegible]	[illegible]	[illegible]	[illegible]	[illegible]	[illegible]

图 3-5　某月第三方安全评价监督分析汇总

（二）评价监督工作模式

第三方安全评价监督工作模式主要分为公路巡检动态检查、公路巡检静态检查以及公路巡检三种模式，见表3-2。

表3-2　第三方安全评价监督工作模式

公路巡检动态检查	跟踪拍摄检查危化品运输车辆驾驶员的驾驶行为	
公路巡检静态检查	危化品运输车辆硬件状况检查	

续表

公路巡检静态检查	危化品运输车辆驾驶室内状况检查	
	危化品运输车辆轮胎花纹深度测量	
	危化品运输车辆随车灭火器检查	
	司押人员毒品测试（尿检）	
公路巡检	司押人员酒精测试	
	危化品运输车辆（急转弯）速度测试	
	车载监控视频录像及GPS数据分析	

当然，第三方评价监督不可能替代承运商自身的管理，它是督促承运商改进与完善安全管理水平的工具与手段。尽管随着时间推移、科技进步，尤其信息技术快速发展，主动防御系统、车载视频系统、远程监控系统等都成为时下可视化管理的重要手段，但第三方评价监督机制仍然有不可替代的重要价值。

第三节　全链条闭环物流运输安全管理模式的建设历程

一、建设历程回顾

炼油销售公司全链条闭环物流运输管理模式的建设从2015年提出到2022年基本建成，前后经历了近八年的时间。2017年7月1日引入公路安全第三方评价监督机制，形成并发布了《中国石化炼油销售有限公司危化品运输道路安全管理考核项目》1.0版（以下简称“公路‘百项违规’”），标志着基本形成了“准入评估——过程管控——考核监督”闭环管理体系，该模式一个显著的特点就是能够持续改进、持续完善。随着公司发展、社会进步、技术创新、法律法规更新等，先后在2019年1月、2020年1月、2023年3月、2024年4月发布了2.0版、3.0版、4.0版及4.1版。在危化品公路运输的管理模式基础上，炼油销售公司于2020年9月正式发布《中国石化炼油销售有限公司船运安全管理考核项目》1.0版（以下简称“水路‘百项违规’”），后续在2021年2月、2023年3月及2024年8月更新了2.0版、3.0版及4.0版本，2020年10月正式发布《中国石化炼油销售有限公司仓储安全管理考核项目》1.0版（以下简称“仓储‘百项违规’”），并于2024年8月更新了2.0版本。形成了公路、水路、仓储“百项违规”管理考核体系，配合这些版本的更新换代，不断赋予该模式新的生命力，使它始终保持着勃勃生机！

二、标志性历史时间节点示意图

全链条闭环物流运输安全管理模式的建设历程如图3-6所示。

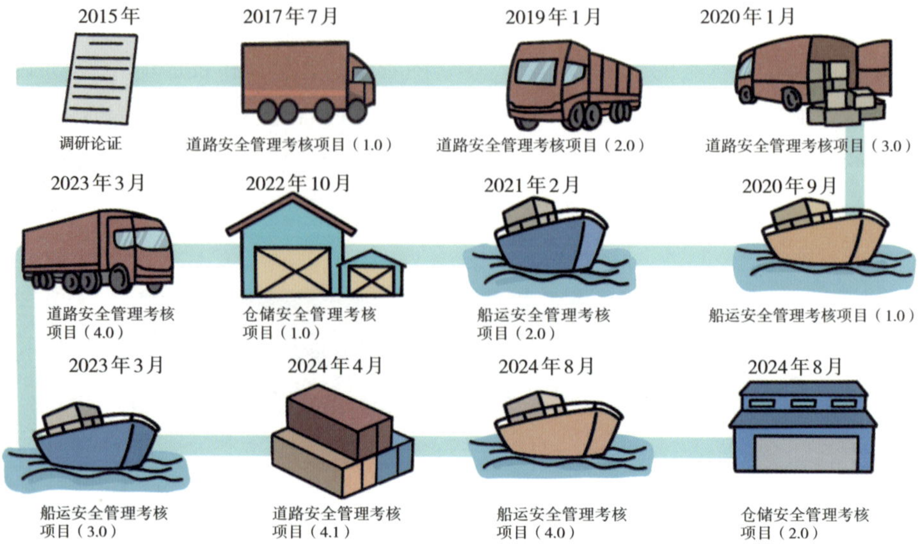

图3-6 全链条闭环物流运输安全管理模式的建设历程

“百项违规”考核标准改进的过程，也是炼油销售公司不断实现自我超越的过程，更是托运人、承运人相容互促、共同进步的过程。它的每一次改版都凝聚着托运人、承运人的智慧与汗水，每一次改版都吹响双方安全管理重整旗鼓再出发的号角！

第四节 全链条闭环物流运输安全管理标准

管理模型框架搭起来，要让其运转就必须为它注入“灵魂”，而这“灵魂”就是《危化品承运商准入标准》《中国石化炼油销售有限公司危化品运输道路安全管理考核项目》《危化品物流服务商考核评估细则》等一系列管理标准。因为核心标准《中国石化炼油销售有限公司危化品运输道路安全管理考核项目》1.0版发布时项目总数接近100项，故引入了“百项违规”这一形象称谓，以提升管理标准的认知度和辨识度。

一、准入标准

《危化品承运商准入标准》（以下简称《准入》）的制定最早可追溯到2015年，在2015年4月27日长沙危化品物流工作会议后，炼油销售公司即着手准入制度的修订与完善工作，本次修订历时五个月，先后9易其稿。为切合炼油销售公司危化品物流管理工作的实际情况，公司先后实地调研了化销华东分公司、赛科石化、巴斯夫石化等应用单位，也咨询请教了中物联协会危化品分会、液化石油气船东协会、SGS公司和中石化安全工程研究院等标准政策研究、制定单位，同时组织召开了多次专业性、区域性的意见征询会并下发讨论稿书面征求意见，反复研讨、修订，突出针对性、可操作性、风险管控、实用性。《准入》先后在财务管理、软硬件设施、信息化管理、HSE管理等方面进行了修订。按当时一些承运商的说法：门槛提高了、准入客观了、评判公平了、努力有方向了。从总体上看，首版《准入》博采众长、条理清晰、特点鲜明，充分体现了“提高管理水平，强化本质安全，降低运营风险”的指导思想。炼油销售公司的承运商第一次客观评判自身实力的标准，也为炼油销售公司整合承运商队伍提供了一个抓手。

《准入》主要涵盖两个部分的内容，一是承运商准入；二是运载工具准入。2022年《炼油销售公司危化品运输安全管理办法》和2022年《炼油销售公司供应资源管理规定》两项制度下发，因其内容已涵盖了公司原《准入》的绝大部分内容，现《准入》标准全部按此两项制度执行（承运商的准入标准具体见附录A1，运载工具准入标准详见附录A2）。

二、“百项违规”考核标准

《准入》把控的是“事前”环节，《考核标准》（“百项违规”，详见附录A3）就是过程管控的“核心”，“百项违规”的制定与《准入》标准同步进行，不仅借鉴了行业标准和法律法规，还结合了炼油销售公司实际运营情况。管理考核项目依据风险等级设定了A、B、C、D四个等级，从设备设施、人员行为到公司管理三个维度进行评估考核，覆盖了整个物流过程的各个关键环节，确保承运商在车辆、人员和公司管理方面都能达到严格的安全要求。由于“百项违规”与承运商利益息息相关，其制定过程也是最曲折的。图3-7为“百项违规”1.0版的制定过程，可以侧面做个说明：

图 3-7　炼油销售公司“百项违规”1.0 版制定历程

由于“百项违规”的制定遵循的是“从群众中来，到群众中去”的模式，在后来宣贯与推广中得到了承运商和司押人员的普遍认可，也为后期“百项违规”迭代更新和持续改进奠定了坚实的基础。

（一）“百项违规”具体内容

“百项违规”以国家法律法规、行业标准、企业制度等为准绳，从设备设施、人员行为、公司管理三个维度建立考核标准，使标准要求显性化、具体化、可量化，并随着时代、社会的发展，持续改进与完善，目前公路“百项违规”已迭代至4.1版，详见附录A3.1。

（二）“百项违规”衍生标准

从一定意义上讲，“百项违规”是全链条闭环管理的“灵魂”，由于它的出现使托运人、承运人在危化品过程管控中有了统一的抓手。共同的行动指南和遵循的守则，也使得炼油销售公司安全管理人员、物流承运商与直接作业环节——司押人员建立了实实在在的联系，管理要求才能一以贯之、一抓到底，而不是层层衰减！

由于“百项违规”的适用性、标准化和可操作性，炼油销售公司横向延伸到水路、仓储管理，纵向则围绕不同应用场景衍生出“五统一”标准、“7+2”标准、“曝光榜”标准和视频自检标准等，具体如图3–8所示。

其中“五统一”标准是将“百项违规”中涉及危化品车辆管理和公司管理的条款进行汇总与梳理，按照“统一产权关系、统一劳动关系、统一运输生产组织、统一财务管理、统一管理责任”五个大项进行系统性核查（表3–3），确保为炼油销售

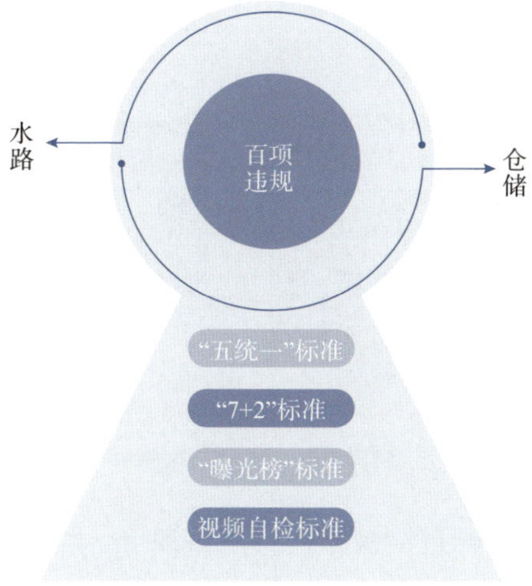

图 3-8　炼油销售公司承运商管理标准

公司服务的均为自有车辆，杜绝挂靠车辆（“五统一”检查表详见附录A6）。

表3-3　“五统一”检查机制

“五统一”检查	是否统一产权关系	企业所有车辆由企业统一出资购置；有统一的固定资产台账和资产管理科目；《机动车登记证书》由企业统一保管
	是否统一劳动关系	企业与所有员工建立劳动关系，签订书面劳动合同；员工工资由企业统一支付，社会保险由企业统一缴纳；企业建立统一规范的工资支付和社会保险缴纳台账
	是否统一运输生产组织	企业统一组织货源，统一签订运单；统一调度安排车辆，并有车辆调度日志
	是否统一财务管理	企业所有车辆必须统一运费结算，统一成本核算，统一收益分配，统一投保纳税
	是否统一管理责任	企业所有车辆统一技术管理，统一动态监管；统一管理员工，按规定组织驾驶员、押运员等岗位员工进行安全教育、开展安全技能培训和应急预案演练

“7+2”标准则（图3-9）是将“百项违规”中7个A类和2个B类人员高风险行为专列出来，进行可视化监控的重点管理，使司押人员上述高风险行为可视、可控、可管，将隐患消灭在萌芽状态，督促司押人员养成良好的驾驶习惯。

“曝光榜”专项检查标准/车辆自检项目标准则是从“百项违规”中“设备设施”涉及车辆管理的项目整理出危化品车辆检查40项和普货车辆检查25项内容。要求各危化品物流承运商的司押人员按此项标准进行自检并拍摄成视频上传，驻

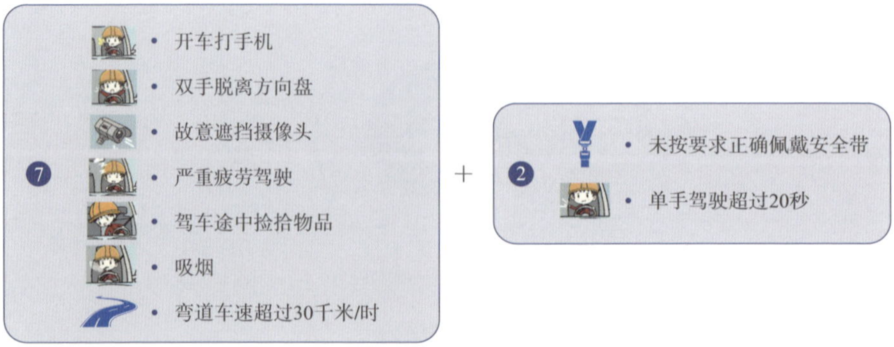

图 3-9 "7+2"标准

厂办对司押人员上传的车辆自检视频进行审核评价。除此之外，驻厂办按此标准对属地的车辆进行现场检查，发现的不合规车辆则第一时间进行曝光，形成"曝光榜"（图 3-10）（标准见附录 A4，"曝光榜"专项检查标准与车辆自检项目检查标准一致）。

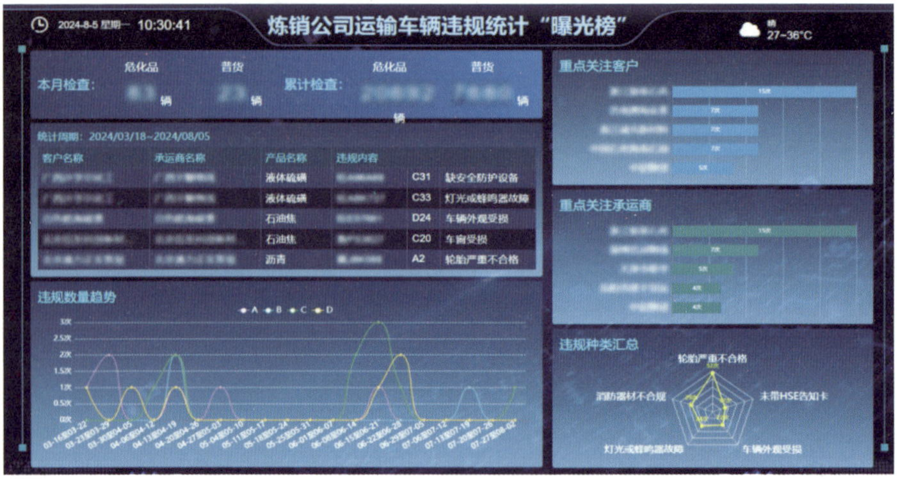

图 3-10 炼油销售公司运输车辆违规统计"曝光榜"

三、KPI 考核标准

2018 年 3 月，炼油销售公司《物流服务商考核评估细则》正式实施，明确将安全作为最大的权重纳入考核，并对危化品公路运输单位实施全量化考核，考核结果与次月和次年，甚至更长周期的运输业务量挂钩。2018 年 9 月，炼油销售公司召开首次道路安全第三方评价监督工作年度会议暨考核工作季度回顾会，通过数据统计、图表分析对KPI考核结果进行了全面通报，并按月形成考核简报下发，如图3-11所示。“真考核、硬兑现”，促使各承运商共同进步、共同提升。目前该项标准在2018年《物流服务商考核评估细则》的基础上已逐渐升级为综合考核体系，并于2023年修订更新为《炼油销售公司物流服务商考核细则》（详见附录A5），综合炼油销售公司物流运营部考核、驻厂办考核和第三方考核，以量化数据客观评价各承运商在运输安全、服务质量和设备影响等方面的表现，具体在后续章节详述。

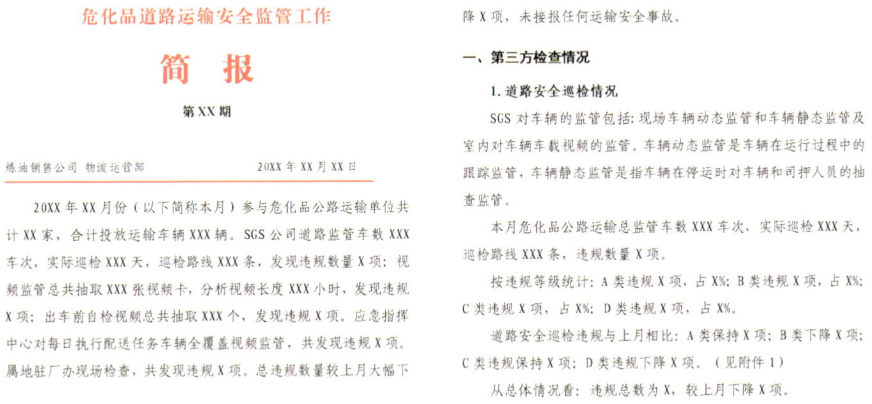
危化品道路运输安全监管工作

简　报

第XX期

炼油销售公司 物流运营部　　　　20XX年XX月XX日

20XX年XX月份（以下简称本月）参与危化品公路运输单位共计XX家，合计投放运输车辆XXX辆。SGS公司道路监管车数XXX车次，实际巡检XXX天，巡检路线XXX条，发现违规数量X项；视频监管总共抽取XXX张视频卡，分析视频长度XXX小时，发现违规X项；出车前自检视频总共抽取XXX个，发现违规X项。应急指挥中心对每日执行配送任务车辆全覆盖视频监管，共发现违规X项。属地驻厂办现场检查，共发现违规X项。总违规数量较上月大幅下降X项，未接报任何运输安全事故。

一、第三方检查情况

1.道路安全巡检情况

SGS对车辆的监管包括：现场车辆动态监管和车辆静态监管及室内对车辆车载视频的监管。车辆动态监管是车辆在运行过程中的跟踪监管，车辆静态监管是指车辆在停运时对车辆和司押人员的抽查监管。

本月危化品公路运输总监管车数XXX车次，实际巡检XXX天，巡检路线XXX条，违规数量X项。

按违规等级统计：A类违规X项，占X%；B类违规X项，占X%；C类违规X项，占X%；D类违规X项，占X%。

道路安全巡检违规与上月相比：A类保持X项；B类下降X项；C类违规保持X项；D类违规下降X项。（见附件1）

从总体情况看：违规总数为X，较上月下降X项。

图3-11　月度考核简报示意图

第五节　全链条闭环物流运输安全管理工具

炼油销售公司对危化品物流全链条闭环安全管理不断完善，借助可视化、信息化、属地化等管理手段，弥补现有管理漏洞，填补监管缝隙，全方位减少不安全行为，降低安全风险，及时闭环物流安全链条。具体管理手段和管理工具分类如图3-12所示。

一、全链条闭环物流运输安全管理可视化

最早的可视化某种意义上就是合作的第三方评价监督机构，作为炼油销售公司的“眼睛”，按照炼油销售公司制定的标准，在运输过程对承运车辆进行巡视、

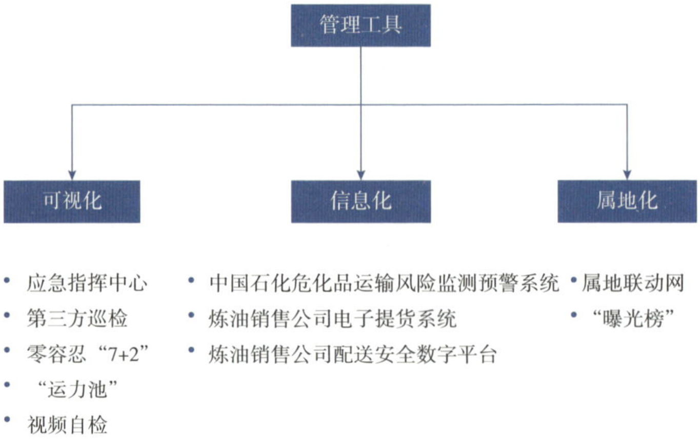

图 3-12 危化品物流全链条闭环安全管理手段和管理工具分类

检查。随着时间的推移和技术的进步，炼油销售公司可视化手段日益丰富，特别是2021年6月应急指挥中心投用后，承运商车辆运行数据展示、第三方安全巡检、“运力池”、视频自检、与承运商监控室联动等可视化监管手段（表3-4），将复杂的数据、信息和内容以清晰直观的形式呈现。通过可视化管理，各级管理者可以快速发现异常情况、监控关键指标、分析趋势变化，促进信息共享和沟通，提高效率、执行力和风险事前干预能力，从而实现对物流安全管理的全面监控和精细化管控。

表 3-4 炼油销售公司可视化管理工具

工具	作用	图示
应急指挥中心	应急指挥中心每日专人值守、实时监控。2022年10月实现公路、水路、仓储视频监控全覆盖。检查人员对当日有运输计划的所有危化品运输车辆进行全覆盖视频实时监控检查，对可能带来隐患的不安全驾驶行为进行提醒，对违规的行为进行事前干预，将风险化解在萌芽状态	
第三方安全巡检	借助第三方评价监督机构对物流运输安全进行全过程监督和管理。通过专业的团队和设备，对运输过程进行全面监督和检查，包括运输设备的本质安全、运输途中的路况、司机的行为等各个环节，并及时将发现的问题通过配送安全数字平台实时反馈，形成量化考核依据之一	

续表

工具	作用	图示
“运力池”	以危化品车辆40项检查和普货车辆25项检查标准为“入池”门槛，建立涵盖全部运输车辆的“运力池”，以保证车辆的本质安全。“运力池”包括配送危货“运力池”、配送普货“运力池”、自提危货“运力池”和自提普货“运力池”。炼油销售公司通过整合承运商的资源，优化运输车辆，从而提高运输效率。同时，这也将有助于大幅降低运营车辆数量绝对值、提高运输安全、减少运输过程中的风险	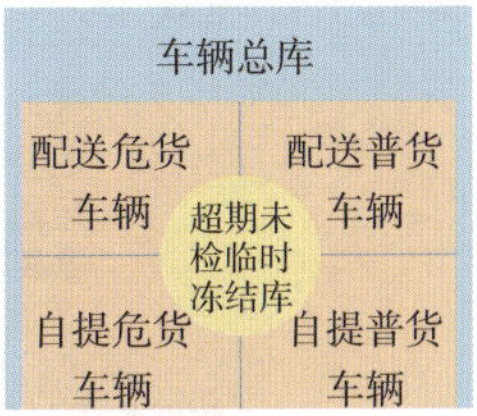
视频自检	炼油销售公司按照属地化管理原则将承运商分配给属地驻厂办进行管理，要求司押人员执行当日运输计划前按日检、月检要求上传车辆自检视频；驻厂办人员对上传的车辆自检视频按照检查项目40项（危化品车辆）、25项（普货车辆）进行重点抽查，如发现问题或不符合安全标准的，将及时与承运商沟通，并要求其进行整改；同时还将抽查结果通过配送安全数字平台反馈，作为考核依据之一	
承运商监控室联动	炼油销售公司在自己建立视频监控中心的同时，推出了承运商“视频监控规范化”要求，即要求承运商按规范同步建立视频监控室，配备监控人员，建立监控制度，以“百项违规”为标准，对运行车辆进行视频监控，并与炼油销售公司应急指挥中心实时联动，共同关注司押人员，规范驾驶行为，做到多级事前干预，及时消除安全隐患。同时其监控室还与炼油销售公司应急指挥中心建立联动机制，保障信息沟通顺畅、无误	

上述几项可视化管理手段，前三种均从托运人的角度进行主动式管理，而第四种——出车前视频检查则是承运人履行主体责任的重要体现，也是司押人员确保车辆本质安全的“第一道防线”，后序章节将详细阐述其工作流程与现实意义。

二、全链条闭环物流运输安全管理信息化

炼油销售公司物流数字平台主要由配送安全数字平台、电子提货系统、总部危化品运输风险监测预警系统共同构成，实现对危化品物流安全管理“三点一

线”全程管控数字化（图3-13）。通过系统集成、数据收集与分析、自动化处理、可视化展示以及预警与提醒等方式为物流安全体系提供支持，不仅拓展了管理幅度，提升了管理效率，而且为安全与业务的有机融合奠定了坚实的基础。

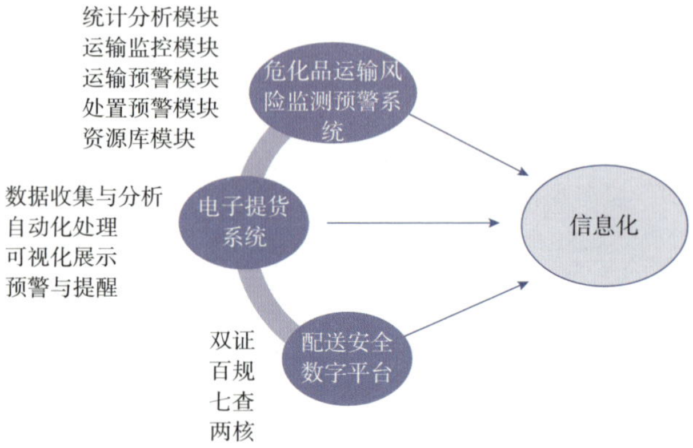

图3-13 炼油销售公司信息化工具

（一）危化品运输风险监测预警系统

危化品运输风险监测预警系统由中国石化集团公司建设，全称为中国石化危化品运输风险监测预警系统，有五大应用模块，包括统计分析、运输监控、运输预警、处置预案、资源库（表3-5）。

表3-5 危化品运输安全管理平台五大应用模块

应用模块	功能
统计分析模块	通过大数据等技术，建立危化品运输安全分析模型，实现集团公司和承运商运输安全指标的对比分析。建设统计分析应用，综合分析和展示危化品物流过程，通过监控过程分析和预警结果分类进行深度挖掘，为危化品物流过程优化提供支持
运输监控模块	结合各专业物流系统订单信息，建成安全运输监控模块，借助北斗/GPS/AIS定位、车载视频监控等手段，实现对公路、铁路、水路运输的全程监控
运输预警模块	集成定位轨迹、驾驶行为识别等数据，搭建预警模型，实现对危化品轨迹异常、疲劳驾驶、不文明驾驶等情况的预警
处置预案模块	建成处置预案功能，将应急资源系统化，在出现事故时实现资源联动，通过关联车辆定位，实现周边环境信息可查，并构建、实现应急处置
资源库模块	建成统一的危化品运输信息资源库。设计开发数据标准、采集规范、存储模型、服务发布等功能，涵盖危化品信息、承运商信息、载运工具信息、司押人员信息、资质证照信息，支持信息共享

（二）电子提货系统

炼油销售公司电子提货系统是通过信息化手段打通销售、提货全流程，实现运输企业、运输工具、运输从业人员资质准入控制，实现企业负责人、企业安全管理人员、司押人员在线安全考试，实现在线预约提货、控制危险品车辆聚集等功能。

电子提货系统作为前端控制的主力，负责处理所有与提货相关的电子信息流程。实时采集的出厂数据经统计分析形成了炼油销售公司电子提货平台公路出厂情况分析驾驶舱（图 3–14）。分析驾驶舱将数据进行可视化展示，炼油销售公司可以直观了解出厂情况，系统对异常情况进行预警，提升了公路运输安全管控能力，在为客户提供优质服务的同时提升产品出厂效率（具体模块内容见表 3–6）。

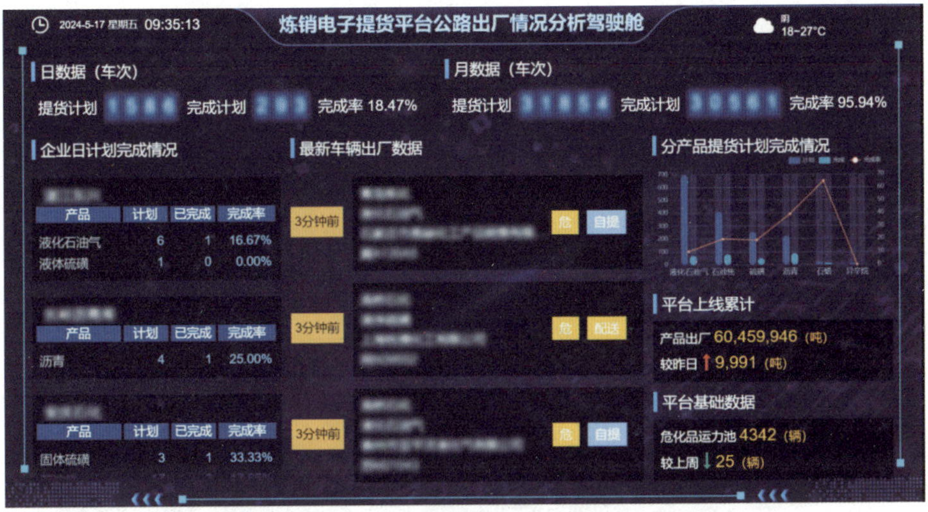

图 3–14　炼油销售公司电子提货平台公路出厂情况分析驾驶舱

表 3–6　电子提货系统功能模块

模块	功能
数据收集与分析	电子提货系统能够实时抓取现场装车发运情况，物流安全管理平台则负责进行“七查”的检查过程及结果控制。这些数据为“曝光榜”活动提供了丰富的素材，使得炼油销售公司能够全面、准确地了解运输车辆的违规情况
自动化处理	通过信息系统，可以自动记录、统计和分析违规情况，减少人工操作，提高处理效率。例如，电子提货系统能够自动将符合条件的车辆从冻结库中释放，自动发送微信/短信提醒承运商进行车辆检查等
可视化展示	通过报表功能和查询功能，可以将违规情况以图表的形式展示出来，方便进行直观的比较和分析。同时，能够提供丰富的查询选项，帮助炼油销售公司快速找到特定车辆或司机的违规情况

续表

模块	功能
预警与提醒	信息系统可以设置预警和提醒功能，以便及时发现和处理潜在的违规情况。例如，电子提货系统可以在车辆检查周期到期前10天自动发送提醒信息给承运商，避免因疏忽导致车辆被冻结

（三）炼油销售公司配送安全数字平台

2022年6月30日，炼油销售公司配送安全数字平台（图3–15）开始运行。其主要功能就是将“双证、百规、七查、两核”等安全管理内容由线下转移到平台。实现了危化品物流安全管理“三点一线”全程管控数字化，将第三方检查数据、驻厂办数据、应急指挥中心数据实现了整合统一，使全链条管理实现了线上（包括使用手机）闭环（图3–16）。具体模块内容见表3–7。

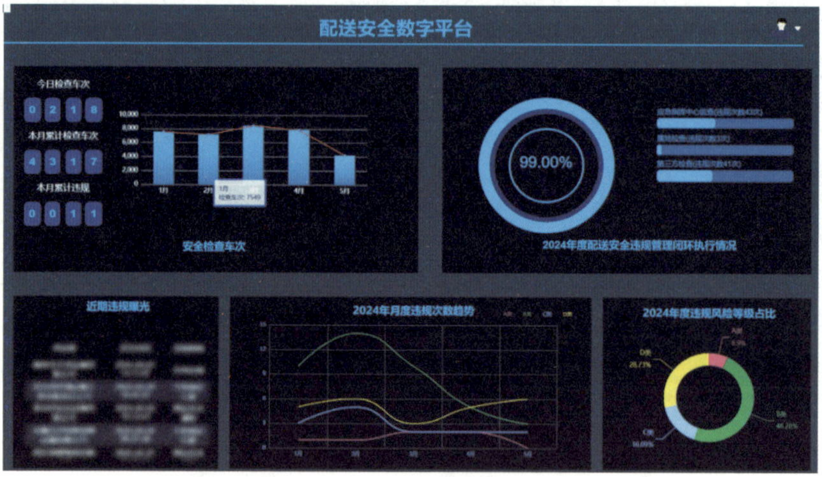

图3–15 炼油销售公司配送安全数字平台

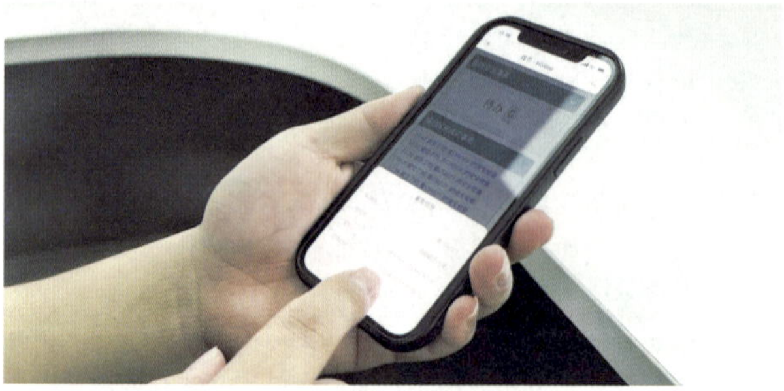

图3–16 手机操作整改闭环

表 3-7　炼油销售公司配送安全数字平台功能模块

模块	分类一	分类二
提醒中心		
配送安全检查	配送安全报表	违规记录汇总
		巡检月度统计
		应急检查日报
	应急指挥中心监察	
	属地检查	
	第三方检查	
“运力池”		
承运商		
基础数据维护	车辆自检标准	
	货物名称	
	“百项违规”	
	防御性驾驶判定细则	
	用户管理	
	运单上传与修改	
	装卸点	

上述三个平台，其中危化品运输风险监测预警系统主要提供危化品在运输过程中的高风险预警功能，并在运输过程中提供事故发生的快速响应和救援支持。电子提货系统将作为前端控制的主力，负责处理所有与提货相关的电子信息流程，确保数据的准确性和及时性。而配送安全数字平台则承担起过程及结果控制的重任，对物流过程中的安全风险进行实时监控和预警。三者在危化品物流运输安全管理中各自发挥重要作用，并通过互相关联提升整体运作效率和安全性。2024 年 8 月，炼油销售公司将上述三个平台统一整合为“智慧物流 APP”，截至本书完稿，APP 已处于试运行中。

三、全链条闭环物流运输安全管理属地化

炼油销售公司各提货点驻厂办是物流属地安全管理第一线，以“曝光榜”为管理手段，负责属地承运商和提货点提货车辆现场检查工作。2023年3月31日，炼油销售公司建立了涵盖部门、驻厂办、承运商、第三方的属地联动网络，形成“分工明确、职责清晰、齐抓共管”的监管格局，明确各驻厂办属地管理范围。赋予驻厂办“叫停权”，即在现场检查过程中发现不合格车辆可以立刻终止该车辆提货计划。同时属地驻厂办对属地配送车辆每日（包括节假日）自检视频进行全覆盖核查，并对发现的问题及时督促承运商整改，形成闭环，流程图见图3-17，具体流程在后续详细介绍。

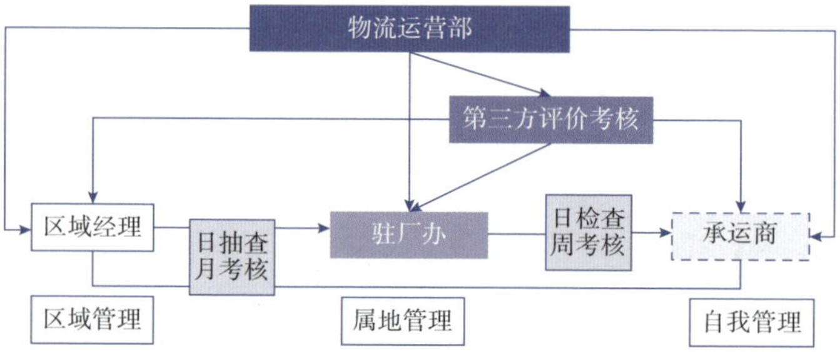

图 3-17　属地联动网流程图

第六节　全链条闭环物流运输安全管理流程

一、全链条闭环物流运输安全管理流程

危化品物流承运商进入炼油销售公司承接物流业务时，严格按照炼油销售公司全链条闭环安全管理模式进行。借助以上可视化、信息化、属地化等管理工具进一步压实承运商主体责任，实现“零”目标。炼油销售公司也会对承运商的管理过程予以监督，确保其符合炼油销售公司标准规范，共同致力于高效物流运作。炼油销售公司对危化品物流承运商的管理流程主要按以下七个关键节点管控，各环节作用关联，如图3-18所示。

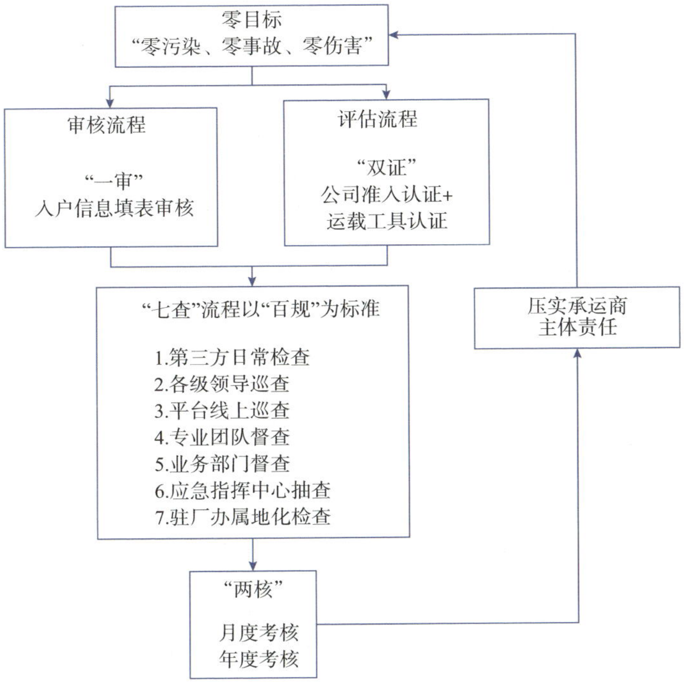

图 3-18　管理流程示意图

二、关键控制节点说明

（一）“一审”（审核流程）

所有进入炼油销售公司的危化品物流承运商及危化品运载工具必须经过严格的审核准入程序。“一审”即危化品物流承运商提报《供应商基本信息登记表》，登记表涵盖承运商简介、企业各项资质文件、相关情况说明与证明材料等。炼油销售公司会对相关材料进行初次整理和审查，审核通过的承运商可以进入认证环节。

（二）“双证”（评估流程）

经过“一审”合格的危化品物流承运商将委托第三方按照《炼油销售公司供应商现场审查表》和《炼油销售公司危化品运输载具检查表》进行承运商公司准入认证和运载工具的认证。“双证”的重点是对承运商公司资质和运载工具资质进行确认，邀请第三方对通过审查的承运商按照既定标准（表3-8，具体内容详见附录A1）进行公司准入和运载工具的认证（图3-19，具体内容详见附录A2）。

表3-8　危化品承运商物流公司资质和车辆资质重点标准

危化品物流承运商公司资质重点要求	危化品承运车辆资质重点要求
·具有企业法人营业执照 ·具有完善的组织结构和管理制度 ·注册资本人民币1000万（含）元以上 ·持有道路危险货物运输许可证 ·通过ISO9000体系认证 ·连续三年为石油化工行业提供运输服务的经历	·车龄不超7年，罐体年限不超10年 ·具备危险货物运输资质，与承运货物类别匹配 ·承运车辆必须安装卫星定位系统 ·具有完善的视频监控系统，能及时跟踪和反馈车辆动态 ·具有主动防御驾驶系统

图3-19　炼油销售公司车辆准入证书

（三）“七查”（检查流程）

“七查”是过程干预的主要手段。以“百项违规”考核内容为标准，按照“一套标准、一种模式、一视同仁”原则开展“七查”，即第三方日常检查、各级领导抽查、平台线上巡查、专业团队督查、业务部门督查、应急指挥中心抽查、驻厂办属地化检查等七种模式，从而实现全方位、多层次的安全督查，确保“百项违规”管理标准落实到每辆运载工具、每个司押（船员）人员身上，详细内容将在第四章进行介绍。

（四）“两核”（月度考核+年度考核）

炼油销售公司对承运商实行月度和年度KPI考核，按照“百项违规”设定的量化考核指标和对应考核分值表，通过“七查”形成考核数据，考核结果每月发布在“危化品运输安全监管工作简报”中，翔实记录各单位违规项及考核情况，并根据考核结果，采取考核兑现、现场约谈、核减业务、暂停运输、终止合同等措施。同时将年度考核结果纳入次年招标安全技术分中，形成危化品物流承运商的闭环管理，运输服务商日常考核指标详见附录A5。

1.月度考核

月度考核是指按照“当月业务当月考核”原则，物流运营部对当月发生业务的承运商履约情况进行考核，次月通报结果。月度考核分为物流运营部考核KPI（1）、第三方评价监督考核KPI（2）、驻厂办考核KPI（3）三个维度，实施“月考核月兑现”（表3–9）。

表3–9　承运商月度考核指标

考核指标名称	考核人	内容	扣分值
KPI（1）	物流运营部	依据运输委托完成情况、货物完好情况、运输安全、信息反馈、投诉处理、HSE检查以及其他项共七项指标对承运商进行考核并评价	A类违规，扣30分 B类违规，扣20分 C类违规，扣10分
KPI（2）	第三方评价监督机构、应急指挥中心	依据“百项违规”考核项目内容对承运商进行评价考核	A类违规，扣15分 B类违规，扣10分 C类违规，扣5分 D类违规，扣1分
KPI（3）	属地驻厂办	从现场、管理、服务等方面对公路承运商进行考核评价	A类违规，扣15分 B类违规，扣10分 C类违规，扣5分 D类违规，扣1分

注：每月15日之前，各单位根据评价指标体系对物流服务商进行评价打分。

月度考核得分等于物流运营部考核得分 ×20%+“七查”考核得分 ×60%+驻厂办考核得分 ×20%。月度考核得分等级详见表3–10。

表3–10　月度考核得分等级表

得分	等级
95分以上（含）	A（优秀）
85分（含）~95分（不含）	B（良好）
70分（含）~85分（不含）	C（合格）
70分以下（不含）	D（不合格）

2.年度考核

年度考核是指在月度考核的基础上，依据承运商本年度的业务完成情况、业务量占比、突出表现及上一年度考核等级情况进行加、减分，并形成等级评价，其评价结果与次年招投标和运量分配挂钩。

每年12月15日之前，炼油销售公司根据上年12月至当年11月的月度考核结果，计算年度考核得分。年度考核得分是在月度考核平均值90%的基础上，依据承运商全年表现，主要考察承运商对于公司业务的完成、业务量占比及突出表现等进行加、减分。考核得分结果分为四个等级，同月度考核一样。

全年评级为A等级的承运商，纳入战略服务商资源库。连续两年评为A等级的承运商，在后续业务和竞标等相关工作中给予一定的倾斜。

连续两年被评为C等级的服务商或当年被评为D等级的服务商，则列为下一年度“禁用”的承运商；累计有两个年度被评为D级的则列为“必须退出”的承运商，并纳入公司承运商“黑名单”，严禁再次准入。

（五）“一实”（承运商落实主体责任）

全链条闭环管理模式运行的最大优势就是充分调动了承运商的主观能动性，使承运商对炼油销售公司危化品管理的理念、体系、模式、考核结果以及措施都给予了广泛认同。承运商的观念已逐渐从“要我安全”转变为“我要安全”，并向着“我会安全”出发，同时积极主动落实自身安全主体责任。许多承运商由小做大，向标准化、专业化前进，不少公司还成为当地危化品物流管理的标杆与典型。承运商落实主体责任的措施如图3-20所示。

组织安全教育例会

展示行驶安全提示

参与“百项违规”应知应会答题

主动开展应急演练活动

定期自查自改工作

积极整改反馈违规

图3-20 落实承运商主体责任

（六）“零目标”：既是奋斗目标也是共同追求，更是信念坚持

实践证明，炼油销售公司建成了符合经营实际的危化品物流运输管控模式，实现了危化品物流“三点一线”的全程可控；建成了以问题为导向、全量化的承运商考核机制，实现了承运商客观公正的“阳光管理”模式；为承运商找到了管理的方向和抓手，促进其安全管理水平不断迈上新台阶，诠释了合作共赢的新理念。依据第三方统计数据，截至2024年6月，公路巡检违规率和视频分析违规率都持续降低并始终保持低位，已趋近于“零目标”（违规率变化详见图3-21、图3-22）。

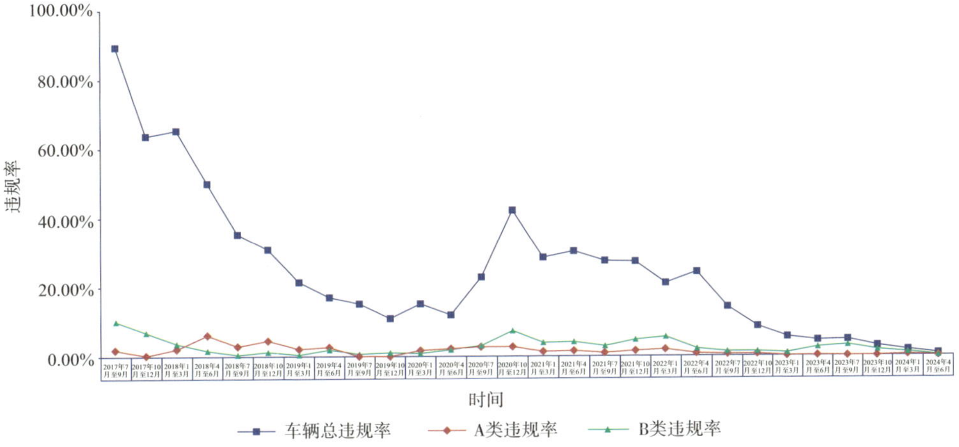

图3-21　第三方公路巡检总违规率及A&B类违规率季度变化

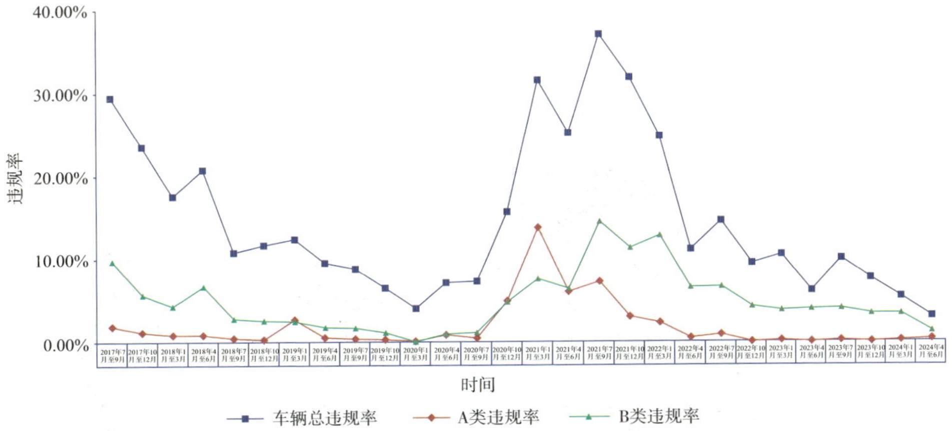

图3-22　第三方视频分析总违规率及A&B类违规率季度变化

案例 物流安全技能网络竞赛与视频比武活动

一、案例背景

为了强化承运商全员对炼油销售公司“百项违规”考核标准等管理要求的认知与理解，同时提高物流从业人员的安全意识和技能，加强危化品物流的安全管理，开展网络知识竞赛与视频比武活动成为一种必要且有效的手段。因为网络比武突破了时间和空间的限制，让参与者能够在空闲的时间和地点参与竞赛。无论身处何地的承运商员工，只要有网络连接，就可以参与答题和比武，大大提高了活动的参与率和覆盖面。同时网络平台能够实现实时互动，参与者可以在竞赛之前进行模拟测试，在模拟测试过程中即时获得答题结果和反馈，了解自己安全知识的优势和不足。这种及时的反馈有助于员工更有针对性地学习和改进，从而更快地提升安全意识和技能。并且网络比武以竞赛的形式激发了参与者的兴趣和竞争意识。承运商员工在竞争的氛围中更积极主动地学习和提升自己，形成良好的学习风气。

二、案例介绍

第一届物流安全技能网络比武竞赛采取“线上+线下”的答题模式，第一阶段线上资格赛，活动面向的对象为承运商参与危化品配送的司机/普通船员、押运员/高级船员、监控员和相关管理人员。参赛人员扫描相应的二维码参与线上答题，最后根据得分和完成时间长短初步评定区域优胜单位与个人（按地域划分为华北、山东、西部、华东、华南、华中六大区域），如图3-23所示。

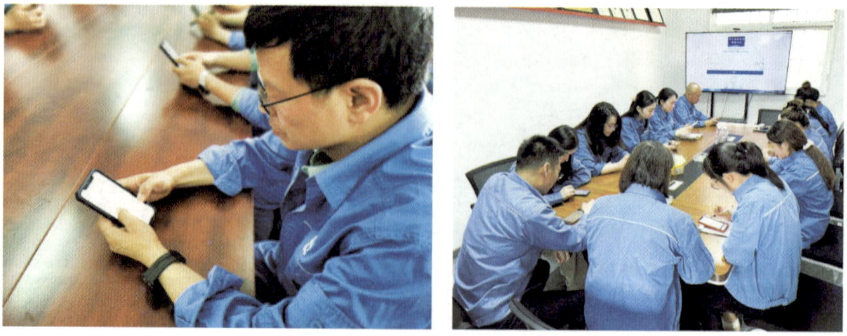

图3-23 第一届物流安全技能网络竞赛及视频比武线上答题

第二阶段为现场总决赛，组织前期线上资格赛总分前六名的公路承运商进行现场答题，晋级总决赛的承运商各组织一支四人团体参加总决赛，总决赛选手现场通过抢答器抢答。竞赛题目依据身边事实案例、安全法律法规、第三方巡检机构发现的问题及炼油销售公司发布的“百项违规”等安全管理知识制定，分为三轮：必答题、抢答题、视频形式的抢答题。最后对现场角逐出的团体一、二、三等奖进行表彰颁奖，如图3–24所示。

图 3–24　物流安全技能网络竞赛现场总决赛

三、案例效果

第一届物流安全技能网络比武活动吸引了炼油销售公司在全国的60多家涉及危化品配送业务承运商相关人员参与。线上资格赛的答题人数近2000人，“自检视频最规范”网络比武上传参赛自检视频110条，累计投票数近50万张，总访问量达到48万次。本次竞赛经过网络发布和承运商自发推广，转载传播量逐日上升，炼油销售公司通过此次竞赛，积极向社会传播安全理念，得到交通运输部水运科学研究院、中国船级社等单位的积极关注和点赞。

在第一届活动结束后，某承运商根据竞赛中暴露出的问题，对内部安全培训体系进行了优化，员工在后续的工作中成功避免了多次潜在的安全风险。

2024年8月，炼油销售公司也顺势而为举办了第二届物流安全技能网络比武活动，参与模拟练习的人数达到2095人，练习次数高达73390次。参赛人数及参赛区域较往年进一步扩大，影响力持续提升。在第二届活动后多家单位通过交流分享，共同制定了一套更加完善的应急响应预案，在实际应用中发挥了重要作用。同时，不少承运商员工表示，通过参与活动，对托运人炼油销售公司的安全管理要求有了更清晰的认识，在工作中能够更好地遵循相关规定。

四、案例意义

这些活动的目的是通过参与性和趣味性的方式，提升承运商对托运人管理要求如“百项违规”等的认知水平和遵守意识，从而切实提高了危化品物流安全管理水平。以赛促教、以赛促改，让参赛选手将理论知识与实际操作相结合，加深对安全知识的理解和运用。同时，这也为其他公司提供了一种有效提升物流安全意识和技能的模式，还激发了承运商的积极性和竞争意识，促使其主动学习和提升自我，很多危化品物流承运商不仅参与比赛，还在公司举办模拟练习赛，进一步促进整个系统内物流安全水平的提高。

此外，这些活动也是炼油销售公司和承运商之间建立信任和合作的重要桥梁。通过参与活动，承运商能够深入了解炼油销售公司的价值观和运营要求，增强对公司的归属感和信任度。同时，炼油销售公司也通过活动中的表现评估和奖励机制，激励优秀承运商，建立起长期稳定的合作伙伴关系。

本章小结

炼油销售公司全链条闭环安全管理对承运商的重要性不言而喻。在现代复杂的供应链网络中，承运商作为连接不同环节的重要纽带，其安全管理直接关系到整个供应链的稳定性和可靠性。为此，炼油销售公司秉持着“以人为本、安全至上”的理念，建立了一套完善的承运商安全管理体系。

首先，从源头上严格筛选承运商，确保其具备合法资质和良好信誉。其次，通过定期的安全要求宣贯和技能提升教学，帮助承运商提升操作技能和应对突发事件的能力。最后，建立了全天候的监控体系和实时响应机制，及时掌握承运过程中的安全风险，并迅速采取有效措施加以应对。

在实际操作中，炼油销售公司强调信息共享和沟通协作，与承运商建立起互信互利的合作关系。通过双向反馈机制，及时了解承运商在执行过程中的困难和问题，共同寻求解决方案，以确保每一步运输环节的安全可控。

综上所述，炼油销售公司全链条闭环安全管理不仅是对承运商的管理和监控，更是一种合作共赢理念的体现。通过有效的管理措施和持续的改进，致力于打造一个安全、高效、可靠的供应链生态，为客户提供卓越的服务和体验。特别是出车前视频检查的有效推广，助力了车辆的本质安全，也为广大司押人员提供了安全保障，一些司押人员由衷地认为，炼油销售公司是一个有温度、关爱生命的企业。

第四章

炼油销售公司危化品物流运输风险识别与控制

在现代工业生产与贸易中，危化品物流运输是一个重要而复杂的环节。危化品的产品特性使得其在运输过程中存在着多种安全风险，例如泄漏、火灾、爆炸等，对人员生命财产安全造成严重威胁。因此，对危化品物流运输安全风险进行全面的识别、评估与管理，是保障危化品物流运输安全的关键。炼油销售公司积极致力于所涉产品的风险识别与管控，通过有效识别风险，不断消除隐患，实现物流过程全链条安全可控。本章节从出车前视频检查、过程人员行为控制、运输路线风险识别卡、环境因素变化预警、变更管理等多个角度切入，分享了炼油销售公司在风险控制上做出的努力。

第一节 危化品物流运输风险识别

本节对危化品物流运输过程中的产品介质、运载工具、人员行为、运输路线、环境因素、公司管理等六大安全风险进行评估，通过系统识别和分析潜在的安全风险，帮助组织和个人了解可能面临的各种风险，从而更好地进行风险规避和控制。这种评估不仅有助于识别潜在的风险因素，还能够帮助确定风险的可能性和影响，进而制定相应的风险管理策略。通过这种全面的风险评估，可以最大限度地降低潜在风险对组织和个人的影响，保护其利益。

一、危化品物流运载介质的风险识别与分析

危化品的种类繁多，包括爆炸品、压缩气体、压缩液体、易燃液体、易燃固体、氧化剂和有机过氧化物，等等。在生产、储存和运输危化品时，需要充分了解危化品的特性，对危化品自身的理化特性进行综合评估。运载介质的风险识别与分析是确保运输过程安全的重要环节，可根据介质的安全技术说明书（MSDS），分析运载介质的理化特性，对这些特性进行风险评估，包括预测介质在运输过程中可能遇到的各种风险场景，如交通事故、设备故障、人为操作失误等，基于风险评估的结果，制定相应的预防措施和应急预案，如选择合适的运输方式、加强设备维护和检查、提高人员安全意识和操作技能等，从而降低危化品物流运输的安全风险，保障企业的生产安全和员工的健康。

炼油销售公司经营的危化品，如液化石油气、异辛烷、硫黄等产品，均配备了相应的MSDS，对产品的理化特性、危险性概述、急救措施、消防措施、泄漏应急处理、接触控制、个体防护等有详细的描述及应对处置。以液化石油气为例进行风险识别，见表4–1。

（一）液化石油气风险识别

表4-1　液化石油气风险识别

SDS	产品介质：液化石油气	
理化特性	外观与形状：	无色气体或黄棕色油状液体，有特殊臭味
	相对密度（水=1）	0.5～0.6
	相对蒸气密度（空气=1）	约2.0
	燃烧热/（kJ/mol）	/
	临界压力/MPa	/
	闪点/℃	–74
	爆炸上限（体积分数）/%	10
	爆炸下限（体积分数）/%	1.5
	熔点/℃	–188
	沸点/℃	–42.1～–0.5
	引燃温度/℃	426～537
危险性概述	联合国危险货物编号（UN号）	1075
	联合国运输名称	液化石油气
	联合国危险性分类	2.1
	包装类别	Ⅱ
	包装标志	易燃气体
	侵入途径	吸入
	健康危害	本品有麻醉作用。吸入蒸汽、雾，会刺激鼻、咽喉、肺。急性中毒主要表现为头晕、头痛、咳嗽、食欲减退、乏力、失眠等症状；重者失去知觉、小便失禁，呼吸变浅变慢。接触液体可能引起冻伤。在限制空间内，可引起窒息；可能致癌；可能引起生殖缺陷
	环境危害	对水生生物有害
	燃爆危险	极易燃

（二）液化石油气泄漏防护与应急

在处理液化石油气泄漏事故时，需要采取一系列的防护与急救措施来确保人员安全并有效控制险情，以下是参照行业资料和液化石油气的理化性质制定的相应防护与急救措施，见表4-2，应急措施仅供参考，实际应急处置措施要结合具体情况，应根据相关政府部门发布的应急预案进行操作。

表4-2 液化石油气部分防护与应急措施图解表

项目	措施	图示
急救措施	皮肤接触：如果发生冻伤，将患部浸泡于保持在38～42℃的温水中复温。不要涂擦。不要使用热水或辐射热。使用清洁、干燥的敷料包扎。如有不适感，立刻就医	
	眼睛接触：提起眼睑，用流动清水或生理盐水冲洗。如有不适感，立刻就医	
	吸入：如果吸入烟或燃烧产物，立刻脱离污染区。把患者放至卧位，保暖并使其安静。开始急救前，首先取出假牙等，防止阻塞气道。如果呼吸停止，立即进行人工呼吸，用活瓣气囊面罩通气或有效的袖珍面具可能效果更佳。呼吸心跳停止时，立即进行心肺复苏术。送往医院或寻求医生的帮助	
消防措施	危险特性：极易燃，与空气混合能形成爆炸性混合物。遇热源和明火有燃烧爆炸的危险。与氟、氯等接触会发生剧烈的化学反应。蒸气比空气重，沿地面扩散并易积存于低洼处，遇火源会着火回燃。 有害燃烧产物：一氧化碳。 灭火方法和灭火剂：用雾状水、泡沫、二氧化碳灭火	
	灭火注意事项及措施：切断气源。若不能切断气源，则不允许熄灭泄漏处的火焰。消防人员必须佩戴空气呼吸器、穿全身防火防毒服，在上风口灭火。尽可能将容器从火场移至空旷处。喷水保持火场容器冷却，直至灭火结束	
泄漏应急处理	消除所有点火源。根据气体的影响区域划定警戒区，无关人员从侧风、上风向撤离至安全区。建议应急处理人员戴正压自给式呼吸器，穿防静电、防寒服。作业时使用的所有设备应接地。禁止接触或跨越泄漏物。尽可能切断泄漏源。若可能翻转容器，使之逸出气体而非液体	
接触控制/个体防护	呼吸系统防护：高浓度环境中，建议佩戴过滤式防毒面具（半面罩）。 眼睛防护：一般不需要特殊防护，高浓度接触时可戴化学安全防护眼镜。 身体防护：穿防静电工作服。 手防护：戴一般作业防护手套。 其他防护：工作现场严禁吸烟。避免高浓度吸入。进入罐、限制性空间或其他高浓度区作业时，须有人监护	

二、危化品物流运载工具的风险识别与分析

危化品物流运输过程中所使用的设施设备主要包括槽罐车、化学品船舶以及相关的设备附件。根据运载介质特性选择合适的运载工具，这些设施设备的本质安全影响运输安全。如果运载工具本身存在隐患，以液化石油气公路槽罐车为例，对运输过程中的风险进行识别与分析，危化品运输设施设备风险主要表现在以下几个方面，见表4-3。

表4-3　液化石油气公路槽罐车风险识别

设计与制造风险	车辆设计不合理，如罐车容量过大、材质不符合要求、密封性能不佳等，可能导致运输过程中发生车辆侧翻、物料泄漏或爆炸。制造缺陷，如储罐的密封性能不佳、罐壁厚度不够、防爆措施不到位、焊接不牢固、表面损伤或车辆结构强度不足等，都可能增加泄漏或爆炸的风险
维护与检修风险	车辆需要定期进行维护与检修，以确保其处于良好的工作状态。如果车辆维护不当或检修不及时，可能导致轮胎磨损、刹车系统失灵、灯光不全、设备老化、性能下降，从而增加运输风险，如阀门、垫片、管道等部件的磨损或松动可能导致气体泄漏
使用风险	驾驶员和押运员对车辆操作不当或不掌握各罐体附件的功能和操作等，是运输过程中的主要风险之一。主要包括超速行驶、急刹车、违规变道等不当驾驶行为，以及违规操作阀门、开关等设备容易造成设备故障，从而导致车辆失控或发生碰撞，引发火灾或爆炸
外部环境因素	评估车辆运行的道路状况、气候条件（如高温、暴雨、大风等）、交通拥堵等因素对车辆技术掌控的影响

三、危化品物流运输过程的人员行为风险识别与分析

在运输过程中，人员行为风险是一个重要的安全因素，它涉及驾驶员、押运员以及其他相关人员的行为和决策。以下是对运输过程中人员行为风险的识别与分析：

（一）驾驶员行为风险

驾驶员是运输过程中的核心角色，他们的行为直接影响运输安全。如图4-1所示，驾驶员主要有以下行为风险。

驾驶技能不足：驾驶员如果缺乏必要的驾驶技能或经验，可能无法妥善处理

突发情况，导致事故的发生。

违规操作：包括超速行驶、疲劳驾驶、违规变道、闯红灯等违法行为，以及看手机、吸烟、双手脱离方向盘、单手驾驶、侧腰捡拾物品等不安全行为，都会增加交通事故的风险。

疲劳驾驶：长时间驾驶或连续驾驶后，驾驶员可能出现疲劳状态，导致反应迟钝、注意力不集中，从而增加事故的风险。

情绪波动：驾驶员在情绪波动或心情不佳时，可能无法保持冷静和理智，从而分神驾驶或做出错误的驾驶决策。

图 4-1　驾驶员行为风险

（二）押运员行为风险

押运员在运输过程中的行为风险包括以下几种。

安全提示不足：押运员在发车前或行驶过程中未能尽责，未协助驾驶员观察好路况并及时做出提醒。

违规操作：押运员长时间与驾驶员交谈，造成驾驶员分神（分心）或情绪波动。

应急处置不当：在发生紧急情况时，押运员未能迅速、正确地采取应对措施，导致事态恶化。

图 4-2　押运员行为风险

（三）其他人员行为风险

除了驾驶员、押运员，其他相关人员如维修人员、调度员、监控员等也可能存在行为风险，如维修人员维修不当导致车辆故障、调度违章指挥或指挥失误导致事故、监控员擅离职守导致紧急情况未及时发现等。

为降低人员行为风险，需要采取一系列措施，包括加强教育培训、提高人员安全意识和技能、完善应急处理流程等。同时，还应建立健全安全管理制度和监管机制，确保运输过程的安全和稳定。

四、危化品物流运输路线风险点的识别与分析

运输路线是危险品物流运输过程中至关重要的环节，它涉及运输的安全性、效率以及成本控制等多个方面。表4-4是对运输路线风险点的详细识别与分析。

表4-4　运输路线风险识别与分析

项目	风险识别与分析
路线选择与规划风险	路线合理性：不合理的运输路线可能导致运输距离增加、运输时间延长，进而增加运输成本。同时，过于复杂的路线也可能增加交通事故发生的风险。 路线稳定性：运输路线的稳定性受多种因素的影响，如道路施工、交通管制、自然灾害等。这些因素可能导致运输中断或延误，影响物流效率
路况与交通状况风险	道路质量：道路的平整度、宽度、承载能力等因素直接影响运输工具的行驶安全和效率。破损、狭窄或承载能力不足的道路可能增加事故风险，降低运输速度。 交通拥堵：高峰时段或特定区域的交通拥堵可能导致运输延误，增加运输成本。此外，交通事故也可能引发交通拥堵，进一步加剧运输风险
安全风险	治安状况：运输路线途经地区的治安状况对运输安全具有重要影响。高犯罪率或恐怖主义活动频繁的地区可能增加货物被盗或遭受破坏的风险。 自然灾害风险：地震、洪水、泥石流等自然灾害可能对运输路线造成严重影响，导致道路中断、桥梁损坏等后果。因此，在选择运输路线时，需要充分考虑自然灾害的风险

续表

项目	风险识别与分析
法规与政策风险	交通法规：不同地区的交通法规可能存在差异，需要了解并遵守相关规定，以避免违法风险。 政策变动：政府的交通管制、环保政策等可能对运输路线产生影响。政策变动可能导致运输成本增加或运输路线调整
风险分析与应对措施	为降低运输路线风险，可采取以下措施： 优化路线规划：通过先进的物流管理系统和技术手段，实现运输路线的优化选择，降低运输成本和风险。 加强路况监控：利用实时路况信息，及时调整运输计划，避免交通拥堵和延误。 提高安全意识：加强运输人员的安全培训，提高他们应对突发事件的能力。同时，加强货物的安全防护措施，防止被盗或损坏。 关注政策动态：及时了解并适应政策变动，调整运输策略，确保运输业务的顺利进行

五、环境条件对危化品物流运输影响的风险识别与分析

环境条件对物流运输的影响是一个复杂且多变的风险因素。表4–5是对自然环境风险在物流运输中的识别与分析。

表4–5　自然环境风险的识别与分析

项目	风险识别与分析
气象风险	极端天气：暴雨、暴风雪、台风、冰雹、龙卷风、台风等极端天气条件可能导致道路封闭、桥梁损坏或路基坍塌等，直接影响物流运输的时效性和安全性。 高温与低温：极端的高温可能导致路面软化，影响车辆行驶；而低温则可能引发路面结冰，增加行车难度和事故风险。 雷电与雾霾：雷电可能导致运输工具受损或发生事故，而雾霾则严重影响视线，增加驾驶的难度和交通事故发生的可能性
地质风险	地震：地震可能导致道路损坏、桥梁断裂、隧道坍塌等，严重阻碍物流运输的正常进行。 泥石流与山体滑坡：在山区，泥石流和山体滑坡是常见的自然灾害，它们可能阻断道路，使运输车辆无法通行。 洪水：洪水可能淹没低洼地区的道路和仓库，导致运输中断和货物损失
地理与生态风险	地形复杂：山区等复杂地形可能导致运输工具难以通行，增加运输难度和成本。 生态保护区限制：在某些生态保护区或敏感区域，物流运输可能受到严格限制，影响运输路线的选择和效率
自然灾害对物流设施的影响	仓库受损：自然灾害可能导致装卸设备、储罐等设施受损，影响货物的存储和转运。 运输工具损坏：自然灾害中的强风、洪水等可能导致运输工具（如货车、船舶等）损坏，影响运输能力

为应对自然环境影响产生的风险，物流企业需要做好以下几个方面的应对措施：

加强预警系统：建立健全的自然灾害预警系统，及时获取并分享气象、地质等信息，以便提前调整运输计划和路线，必要时及时停止运行。

优化运输路线：在选择运输路线时，充分考虑地形、气候等因素，避免或减少经过自然灾害易发区域，通过线路实地勘察并组织专业人员评估制定行车路卡（路书）。

提高保险意识：为运输工具和货物购买相应的保险，以应对可能发生的损失。

增强应急处理能力：制定详细的应急预案，包括灾害发生时的运输调整、货物转移、人员疏散等，确保在灾害发生时能够迅速响应，减少损失（图4-3）。

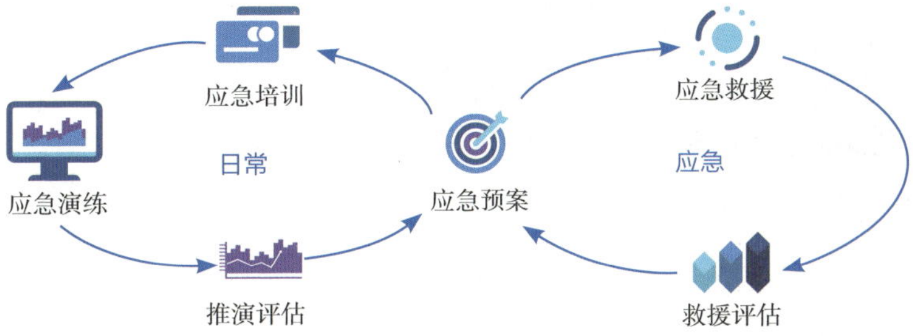

图4-3　应急预案

六、危化品物流承运商公司管理的风险识别与分析

当今世界发展格局越来越呈现出VUCA特征，即不稳定性（Volatility）、不确定性（Uncertainty）、复杂性（Complexity）及模糊性（Ambiguity），确保产业链供应链韧性已经成为各个企业必须共同面对的重要课题。尤其是供应链中承运商公司的管理是确保运输业务安全顺利进行的重要环节。对承运商公司管理风险进行识别与分析，见表4-6。

表4-6　承运商公司管理风险识别与分析

项目	识别与分析	措施
 资质与合规性风险	承运商公司的资质和合规性是基础风险点。公司是否具备合法的营业执照、道路运输经营许可证等必要证件，是否遵守相关行业规定和获得必要的认证，都是评估其合规性的关键。若承运商缺乏必要的资质或存在违规行为，可能导致运输业务受阻，甚至面临法律处罚	加强资质与合规性管理，确保公司具备必要的资质和遵守相关规定

续表

项目	识别与分析	措施
 运输安全管理风险	运输安全管理是承运商公司的核心风险点。这包括车辆的安全技术状况、驾驶员的安全意识与技能以及安全管理制度的完善程度。如果车辆存在安全隐患、驾驶员操作不当或缺乏安全意识，都可能引发事故，导致货物损失和人员伤亡。此外，若公司缺乏完善的安全管理制度和应急预案，将无法有效应对突发情况，加剧风险	完善运输安全管理制度，加强车辆和驾驶员的安全管理，提高安全意识和技能
 财务管理风险	承运商公司的财务管理也是重要的风险点。公司需要确保财务状况稳健，有足够的资金支持运输业务的开展。若公司存在资金短缺、债务纠纷或财务造假等问题，可能导致运输业务中断，甚至引发法律纠纷	加强财务管理，确保财务状况稳健，防范财务风险
 人员与团队管理风险	人员与团队管理风险主要体现在员工素质、团队协作和人员流动等方面。如果员工素质不高、团队协作不畅或人员流动频繁，都可能影响运输业务的稳定性和效率	优化人员与团队管理，提高员工素质和团队协作能力，降低人员流动率

第二节　危化品物流运输风险控制

前面第一节，从不同角度进行了风险识别与分析，在此基础上，结合《中华人民共和国安全生产法》《中华人民共和国道路交通安全法实施条例》《中华人民共和国道路运输条例》等相关法律法规和炼油销售公司自身的管理要求及特点，切实控制危化品物流运输“三点一线”过程中的风险，保质保量地完成运输任务是确保安全的核心环节。本节将从四个角度详细解析炼油销售公司对危化品物流运输风险控制的主要抓手和方法，分别为运载工具的风险控制、人员行为的风险控制、环境因素的风险控制和公司管理要素的风险控制。

一、危化品物流运载工具的风险控制

（一）车辆本质安全

危化品运输车辆的本质安全和产品升级换代是风险控制的基石。本质安全是指在设计、制造和使用过程中，通过采取各种措施，最大限度地降低事故发生的可能性和事故后果严重程度，从而实现安全生产的目标。对于危化品车辆而言，本质安全主要体现在以下几个方面，见表4–7。

表4–7 车辆本质安全

项目	车辆本质安全
车辆结构设计安全	包括车身强度、防撞性能、防泄漏设计等。例如，采用高强度钢材制造车身，增强车辆的抗撞击能力；设计合理的防泄漏装置，防止货物在运输过程中发生泄漏。根据运输介质的不同，目前危化品车辆设计必须遵守《危险货物运输车辆结构要求》（GB 21668—2008）要求，停止使用国家第四阶段机动车污染物排放标准的车辆，根据具体省份监管部门要求，更换为满足国家第五、第六阶段机动车污染物排放标准的车辆进行运输业务
车辆安全系统完善	包括车辆制动系统、转向系统、灯光系统、安全警示装置等。例如，配备高性能制动系统，确保车辆在紧急情况下能够及时停车；安装完善的警示灯和警示牌，提醒其他车辆注意避让
货物装载安全	包括货物固定方式、货物包装、货物装载量等。例如，采用安全可靠的货物固定方式，防止货物在运输过程中发生移动或倾倒；使用符合标准的包装材料，确保货物在运输过程中不会发生破损或泄漏

近年来，随着科技进步和社会对安全要求不断提升，危化品车辆产品升级换代频繁，因此危化品承运商要立足于当下，更要着眼于未来，如表4–8所示，可以从以下几个方面提高。

表4–8 危化品车辆产品升级技术

项目	车辆产品升级技术
车辆的智能化水平	运用人工智能、大数据、物联网等技术，实现车辆自动驾驶、智能监控、远程诊断等功能，提高车辆安全性能和管理效率。例如，配备智能安全系统，实时监测车辆运行状态，及时预警潜在安全风险；使用远程监控平台，对车辆运行轨迹、货物状态等进行实时监控，提高车辆运输效率和安全管理水平
轻量化车辆技术	采购使用轻量化材料和结构设计的车辆，降低车辆自重，提高能源经济性和环境友好性。例如，使用高强度铝合金材料制造车身，降低车辆自重，减少燃油消耗和尾气排放
安全性更高的车辆技术	提高车辆的防撞、防泄漏、防爆等性能，降低事故发生率和减轻事故严重程度。例如，配备先进的防撞系统，降低车辆碰撞风险；使用更安全的泄漏防护装置，防止货物泄漏造成环境污染
环保性更好的车辆	采用更加环保的燃料和技术，降低车辆尾气排放，减少对环境的污染。例如，使用天然气、电力等清洁能源

总的来说，危化品车辆升级换代具有重要的意义，既保障人民生命财产安全，更是行业发展的必然趋势。未来，危化品车辆将朝着更加智能化、轻量化、安全化、环保化的方向发展，危化品承运商应该尽早布局行动。

（二）设施设备视频自检

危化品物流运输因其特殊性，对安全的要求极高。危化品承运商针对车辆开展出车前检查是确保运输安全的一个重要抓手，炼油销售公司通过可视化手段将这项工作落到实处，即危化品配送车辆司押人员按炼油销售公司制定的“危化品车辆自检40项”检查标准（详见附录A4），进行日检、周检和月检，这一模式从2023年7月启动后延续至今。表4–9所示为液化石油气运输车辆视频自检重点项拍摄模板。

表4–9　视频自检重点项拍摄模板

重点项	拍摄模板
未进行有效的液化石油气槽车密封面及附件气密静态检查（包括装卸料箱内仪表、球阀、放散阀、堵盖及连接件，槽车底部管线及连接件，槽车液位计等）	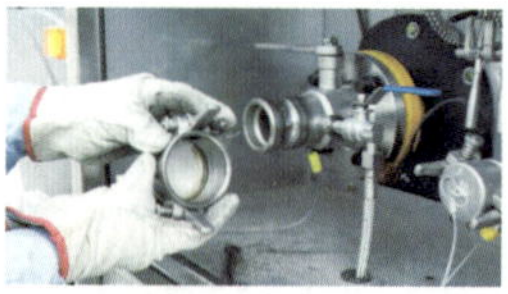
轮胎严重不合格。一个轮胎记为一个违规项（轮胎花纹深度不符合规定标准、同轴上轮胎的规格和花纹不一致、使用非钢丝胎或翻新胎、轮胎胎面因局部磨损而暴露出轮胎帘布层或钢丝、轮胎有影响使用的缺损或异常磨损和变形、胎面和胎壁上有暴露出轮胎帘布层的破裂和割伤、轮胎存在明显鼓包）	
车辆主灯灯光损坏（包括主车前部和挂车后部的远光灯、近光灯、刹车灯、转向灯，以及线路、接头裸露等），同一辆车上不同类别的灯光属于不同违规项、同类灯光属于相同违规项	
温度表、压力表、液位计未按规定期限检验或指针指示不正常	
车辆导静电橡胶拖地带（静电接地带）未接地或质量不符合要求（注：牵引车和挂车都应有，且无论空载、重载都应始终接地），接电夹损坏，火花熄灭器（阻火器）缺失、严重变形或不符合国标GB 13365—2005的规定等	

续表

重点项	拍摄模板
危险货物标识不符合国标GB 190—2009的规定。张贴位置、图形、代码等不符合要求或遮挡（危险货物运输单元应按要求粘贴或悬挂菱形标志牌、矩形标志牌和标记）	
双式车轮的轮胎之间夹杂异物，备胎不合格（使用老旧破损轮胎作为备胎）	
驾驶室仪表盘上各相关设备故障，设备损坏或指示不正确、存在红色故障码	

视频拍摄内容应按照炼油销售公司当前最新制定的《危化品车辆自检项目检查表》（详见附录A4）进行拍摄。为了规范操作流程，提高检查效率，主要步骤见图4-4。

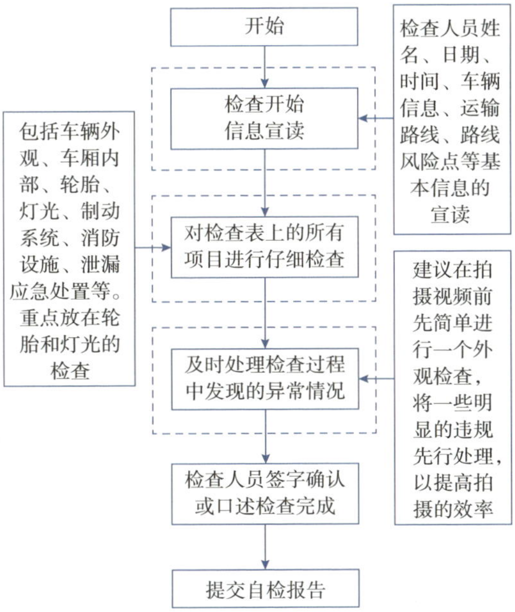

图4-4　设施设备自检流程

自检完成之后，需要提交自检报告，自检报告格式见图4–5。

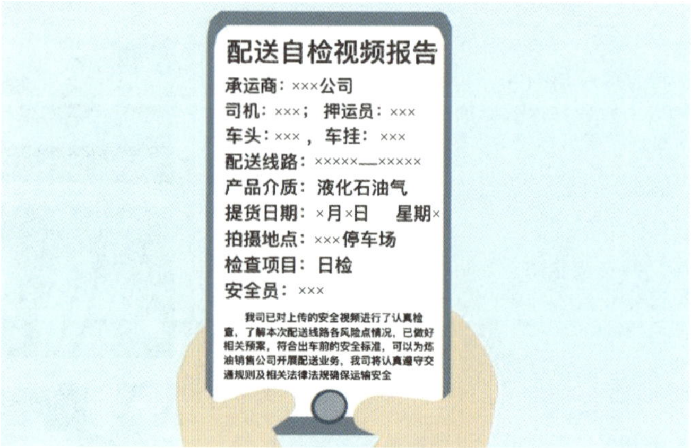

图 4–5 车辆视频自检报告格式

视频自检有以下几点不可替代的优点，见表4–10。

表4–10 视频自检优点

优点	具体内容
规范检查流程，提高检查效率	视频拍摄可以将出车前自检的各个步骤、检查内容、检查结果等记录下来，形成完整的影像资料。这可以有效规范检查流程，避免因人为因素造成的遗漏或错误，提高检查效率。同时，视频资料可以作为日后培训和考核的素材，提升员工的安全意识和操作技能
记录检查过程，方便追溯和分析	视频资料可以方便监管部门进行监督检查，及时发现安全隐患，督促企业整改。同时，视频资料可以作为企业安全管理的依据，帮助企业不断完善安全管理制度和流程，提高管理效率
提高驾驶员的安全意识，增强责任感	视频拍摄可以将检查过程公开透明化，让所有参与运输的人员看到检查的细节，了解检查的重要性。这可以有效提升员工的安全意识，强化安全责任，促使员工更加认真负责地进行检查，确保运输安全
为事件事故调查提供重要证据	在发生事件事故时，视频资料可以作为重要的证据，帮助追溯责任，杜绝推诿扯皮。例如，如果发生泄漏事件事故，视频可以记录下罐车出车前的状态，帮助判断事件事故原因是出车前检查不仔细造成的，还是运输过程中出现的意外情况。这对于维护企业和员工的合法权益具有重要意义
视频资料可以积累丰富的安全检查经验	相关视频的留存可以为安全技术进步提供宝贵的数据和素材。例如，可以通过分析视频资料，发现检查过程中存在的问题，改进检查方法和工具，提升检查的准确性和效率

危化品车辆出车前检查视频拍摄是确保运输安全的重要举措，可以规范检查流程、提高检查效率、追溯责任、杜绝推诿扯皮、提升安全意识、强化安全责

任、方便监管、提高管理效率、积累经验、促进安全技术进步等。为安全运输提供有力保障，最终在运载工具本质安全层面实现风险可控化。

二、危化品物流运输人员行为的风险控制

（一）运输过程可视化动态管控

据统计，有超过90%的事故是人为因素导致的，因此针对从业人员，特别是司押人员的可视化动态管控是危化品物流承运商在避免事故、控制风险、提高安全意识等方面的重点。为了切实落地可视化动态管控，一个规范的监控室必不可少，那么如何建设一个规范的监控室呢？建议参考以下步骤，如表4–11所示。

表4–11　建设规范监控室步骤

步骤	内容
第一步	建立动态监控工作领导小组，且成员构成必须包括： 组长：公司负责人 组员：分管安全领导、安全管理部门负责人
第二步	建立合理的制度、标准和监控规程，需要注意的是制度必须符合地方性法律法规（条例）、地方道路运输管理局的相关通知要求。 具体内容可以包括： （1）监控室职责及管理要求； （2）监控员职责及行为规范； （3）监控管理人员职责及管理要求； （4）监控人员绩效考核办法（奖+惩）； （5）值班、交接班管理要求、监控记录填写要求； （6）培训管理制度； （7）标准风险识别卡； （8）违规标准制定与核定； （9）接报处理流程，配套应急预案； （10）各公司其他制度要求，如《安全行为违规人员谈话制度》等
第三步	设立独立监控室，硬件配备要满足幕墙一体式或壁挂式大屏；专用监控计算机（至少两台）；对监控人员监控的摄像头；监控人员手机放置处。软件配备需要满足：完善的车辆动态监控系统；网络传输，安全管理平台等
第四步	配备至少两名专职监控人员进行7×24小时值班，管理人员要对专职监控人员进行规范化监控管理和培训，包括但不限于制度设定、人员考核。同时还要设立后勤保障人员，以保证设施设备故障检查、维护及维修

仅仅建立一个规范的监控室是不够的，最重要的是有针对性地对监控人员进行培训，具体培训内容可以参考以下内容，如表4–12所示。

表4-12　具体培训内容

状态	内容
出车前（事前风险识别）	检查每车摄像头视频运行状态。发现故障及时通知服务商，并向炼油销售公司报备，持续关注修复情况，直至故障消除
	了解当日车辆运行线路、时间、驾驶员情况。熟悉运行线路的标准路卡内容，了解运输中每段路存在的安全风险隐患
	关注天气和交通管制情况。遇强降雨、低温雨雪、大雾等恶劣天气或当地交通管制信息，应提前向驾驶员发送预警信息，提醒驾驶员注意防范
出车中（事中风险把控）	关注人的不安全行为。发现不安全驾驶行为，及时提醒、纠正；对近期违规人员进行重点监控
	关注物的不安全状态。物流设施全覆盖检查；对当日有运输业务的车辆实现安全检查全覆盖，车没停、船没停，监控不能停；车辆发生故障、事故等不能移动的，监控室应及时核实情况，并启动应急预案
	注重良性互动、体现人文关怀。司押人员快行驶至风险点时，监控人员要与押运员进行提醒，或押运员主动报备；加大对驾驶人员的关心关爱力度
	完善设施维护，注意记录留痕。维护物流监控平台运行；每日填写车辆动态监控记录表，详细记录每日监控情况
出车后（事后分析总结）	完成当日监控相关工作台账。规范填写当日交接班记录及监控记录；监控中确认车辆驾驶员有违法违规行为的，应如实在监控值班日志上记录并及时汇总上报；监控中发现的视频监控不在线、摄像头偏移或无信号、轨迹不正常的车辆，及时联系维修并如实记录
	监控台账统计分析，提出合理化建议。结合分析结果，对司押人员进行人员画像工作
	及时汇报并接受监督

危化品承运商对可视化动态管控的建设不仅要落实到监控室实体的建设，还要通过培训等方式，使监控员的履职能力、专业技能和安全意识得到提高，安全操作水平得到提升，为危化品运输安全奠定坚实的基础。后期，物流配送服务商还应根据实际情况和相关法律法规的变化，不断改进、优化可视化动态管控的方式方法，在不改变效能的基础上，进行数字化的创新、技术的迭代等工作，以确保管控效果持续提升，最终在人员行为动态管控层面实现风险可控化。

（二）多维度巡查与预警

炼油销售公司针对过程的风险控制主要体现在“七查”模式，具体内容参考表4-13。各危化品承运商可以参考以下内容，再结合自身情况进行巡查体系的建立，以更好地监督各种运输任务的完成。

表4-13 “七查”模式

七查项目	检查项	相关照片
第三方日常检查	现场安全巡检：现场运输车辆动态检查、车辆静态检查以及对行驶中车辆视频的检查。车辆动态检查是对车辆在运行过程中的跟踪检查，车辆静态检查是车辆在停运时对车辆和司押人员检查。 视频安全检查：从车辆中抽取视频卡，借助专业设备进行视频回放，检查司押人员的驾驶和作业行为	
各级领导巡查	炼油销售公司各级领导高度重视危化品物流运输安全，将日常检查融入业务中，不定期到现场对司押人员和运载工具进行检查，展现有感领导，提升危化品运输安全管理的引领力	
平台线上巡查	中国石化健康安全环保部、青岛安工院通过中国石化危化品运输风险监测预警系统开展线上巡查，及时了解承运商主动安全高风险预警情况及高风险预警列入整改闭环情况，要求承运商对高风险预警实现全覆盖闭环管理	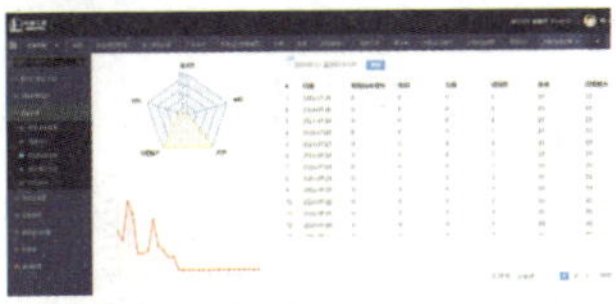
专业团队督查	炼油销售公司HSE督查大队督查承运商HSE责任履行情况，发现安全环保问题现场取证并要求限期整改	
业务部门督查	炼油销售公司物流运营部管业务、管安全，通过自查、督查、巡查、排查，进行安全专项大检查及设备泄漏隐患大排查等工作。要求承运商确保资质合规、安全管理规范、物流运行有效	
应急指挥中心检查	炼油销售公司启用应急指挥监控中心，实时视频监控危化品配送车辆在行驶中的司押人员行为违规问题，即时提醒干预、即时完成整改、即时将风险隐患消灭在萌芽状态，进一步规范司押人员驾驶和押运行为	

续表

七查项目	检查项	相关照片
驻厂办属地化检查	驻厂办监督并跟踪危化品配送车辆属地装卸全过程，报告并协调处理属地事件。同时做好月度检查工作，对于检查中发现的问题，及时将核查信息在配送安全数字平台上提报，持续跟踪承运商落实整改情况，第一时间督促整改，把住车辆本质安全第一关	

除上述“七查”外，炼油销售公司结合监控室建设的经验，有针对性推出危化品物流承运商“视频监控规范化”活动，协助多家承运商按规范建立了视频监控室，配备监控人员，建立监控制度，以“百项违规”为标准，对运行车辆进行视频监控，与炼油销售公司应急指挥中心实时联动，共同关注司押人员的驾驶行为，做到多级事前干预，及时消除行为隐患。除此之外，为扎实落地各项管控要求，炼油销售公司在建立视频监控中心的同时，还设立了属地联动网机制，充分融合了“七查”中的第三方检查、驻厂办属地化检查和物流业务部门督查。通过建设联动机制，将三种不同检查方式有机融合在一起，涵盖运输的全过程，充分调动各方力量，形成齐抓共管、相融互促的监督格局。具体架构如图4-6，属地联动网职责分工见表4-14。

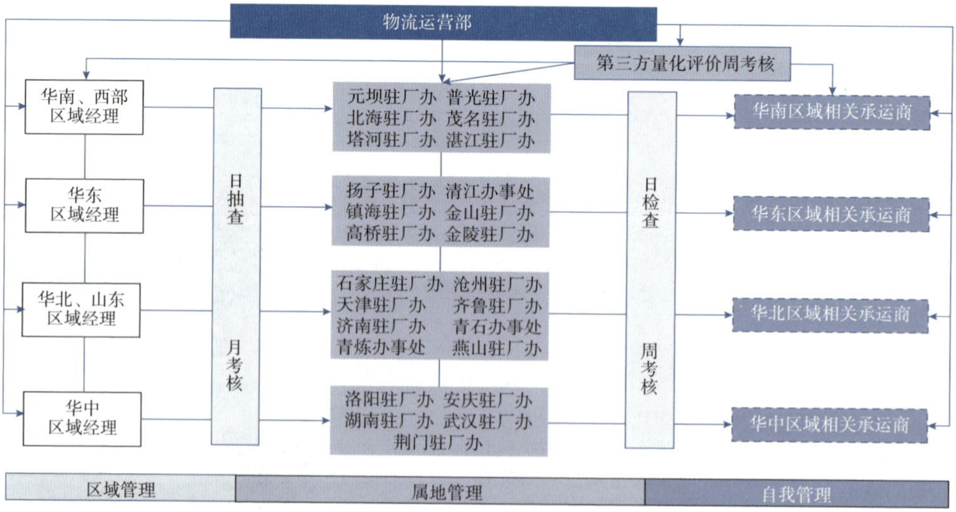

图 4-6　属地联动网

表4-14 属地联动网职责分工表

项目	工作职责	工作要求	考核对象	工作模式	反馈渠道
驻厂办	对属地车辆进行静态检查；自检视频检查对检查情况进行点评；对属地承运商进行KPI考核	自检视频——日检、日评、日覆盖 属地车辆——周查、周评、月覆盖 （属地承运商现场检查，多于三家时，两月覆盖一次）	属地承运商	自检视频检查+属地车辆现场检查	驻厂办配送业务安全管理群、区域安全管理群、配送安全数字平台
区域经理	按区域对车辆进行抽查；自检视频抽查并考核；对检查情况进行点评；对承运商和驻厂办进行考核	自检视频——日抽、日评、周覆盖 （日评内容涵盖车辆自检和应急中心检查） 区域车辆——月抽、月核、季覆盖	区域内驻厂办、区域承运商	自检视频抽检+区域车辆现场抽查+应急指挥中心抽检	驻厂办配送业务安全管理群、区域安全管理群、配送安全数字平台
第三方	按区域对车辆进行动态检查；对自检视频抽查并考核；对检查情况进行点评；对商、办、人给出评价	自检视频——周查、周评、月覆盖 区域车辆——周查、周评、月覆盖 （区域承运商动态检查每月覆盖一次）	驻厂办、承运商和区域经理	自检视频检查+区域车辆现场动态检查	区域安全管理群、配送安全数字平台
物流运营部	检查工作质量并完成考核；进行阶段性点评	月抽查、月考核、月通报、季点评	驻厂办、承运商、区域经理和第三方	自检视频抽检+区域车辆现场动态抽查	驻厂办配送业务安全管理群、区域安全管理群、配送安全数字平台

三、危化品物流运输环境因素的风险控制

（一）线路评估与路卡的制作

在执行运输任务之前，线路评估和路卡制作至关重要。路卡是一种记录运输路线、注意事项、应急措施等信息的卡片。不仅是运输过程中的重要参考，也是确保运输安全的重要保障，如图4-7所示。

具体可以分为以下几个步骤进行制作：

第一步，路线初步勘察，探明筛选数条线路，之后对这些路线进行安全评估，识别出潜在危险因素。例如，道路状况、交通流量、沿途居民区、敏感设施等，并采取相应的安全措施，降低事故发生的概率。同时提高运输效率，避免因路况不佳或交通拥堵造成延误。但需要注意的是，我国相关法律法规对危化品运

道路风险评估报告（路卡）

装货点一卸货点

勘察路线：

生产企业装货点—某城镇公路（公里数）→某运输线（事故高发路段）（公里数）→ 高速公路入口（公里数） →a高速公路（公里数）→b高速公路（公里数）→c高速公路（公里数） →某收费站（公里数） →某运输线（公里数）→ 客户卸货点（公里数）

路线总里程 ×××公 里

主要风险点提示：

1. 企业装货点至高速入口共经过×座桥梁，周边×所学校。
2. 装货点至卸货点运输线路整体情况，限速 a km/h。危险品车必须严格按照规定行驶。
3. 各城镇公路、运输线、高速公路存在的风险点提示，事故高发路段情况描述及原因分析。

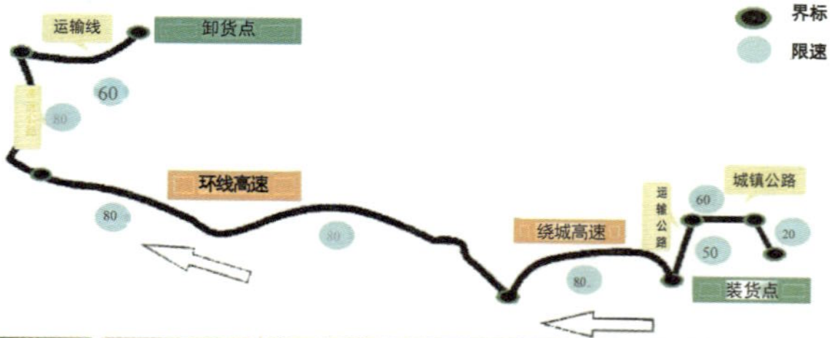

装货点至运输线限速	运输线至城镇公路	城镇公路至高速入口	绕城高速入口至环线高速入口	环线入口至高速出口	运输线至卸货点
· 限速20km/h · 出装货点路口注意观察来往的车辆。重驶车辆较多，减速慢行	· 限速60km/h · 行驶危化车专用车道，不得驶入其他车道，行经路口较多，减速慢行，注意观察非机动车和行人	· 保持限速50km/h以内 · 进入庄南公路设有危化车专用车道，切勿驶入其他车道	· 保持限速80km/h · 行驶第三、第四车道切勿驶入其他车道 · 按照规定路线行驶	· 保持限速80km/h · 收费站车辆较多，走危险品专用通道缴费通行，减速慢行注意安全	· 限速60km/h · 工程车辆较多，注意车速，注意观察 · 厂区路段关注限速 . 按要求排队卸车 . 保持安全距离

路线状况及风险提示1

装货点→某运输公路：

化工区大型车辆和非机动车较多，危险品车辆必须行驶危化车专用车道，不得驶入其他车道。行经路口较多，转弯时注意减速慢行，注意观察非机动车和行人。某运输公路与某大道交叉口，因掉头车辆较多经常有车辆摩擦，通行时须多加注意。

装运点

某运输公路

某大道

某运输公路

路线状况及风险提示2-1

高速公路出口→某运输线：

某运输线施工路段较长，过往行人车辆较多路况复杂，机非混行，路口较多，沿途经常有行人和非机动车辆穿行。通行时须密切注意社会车辆违章、坡道、转弯及路边绿化等因素的影响。

某运输线

某运输线

路线状况及风险提示2-2

某运输线→卸货点：

沿途经过某运输线交叉口和某大道交叉口，因常年在修路，边视线不好，经常发生车辆碰撞现象，极度危险，部分路段交通量很大，通行状况较为复杂。

某运输线与某大道线交叉口

某运输线与某大道线交叉口

某运输线与某大道交叉口

某运输线与某大道交叉口

图 4-7　路卡示例

输路线安全提出了明确要求，进行线路安全评估也是合法合规的必要步骤。可以通过表4–15所示的实施方法为线路进行安全评估。

表4–15　线路安全评估的实施方法

评估方法	内容
实地勘察	了解道路状况、交通流量、沿途环境等
数据分析	利用历史交通事故数据、天气数据等进行分析，识别潜在危险因素
专家评估	邀请相关专家或经验丰富的人员进行评估，提出安全建议
模拟演练	进行模拟演练，检验路线的可行性

线路安全评估的主要内容见表4–16。

表4–16　线路安全评估的主要内容

评估方向	内容
交通流量评估	评估道路的交通流量，是否存在拥堵、交叉路口等容易发生事故的区域，并制定相应的安全措施
沿途环境评估	评估沿途是否存在居民区、学校、医院、加油站等敏感设施，以及是否存在易燃、易爆物品储存场所，并制定相应的安全距离和防护措施
应急救援评估	评估沿途是否存在消防站、医院等应急救援设施，以及是否具备相应的应急救援能力，并制定相应的应急预案

第二步，针对评估的结果，选择最合适的路线，然后制作路卡，可以先使用电子版进行编辑修改，然后再塑封打印并发放至每一辆具体的业务车辆，随车保管，如有需要，随时取用查询，因此路卡的内容应该包括以下信息，见表4–17。

表4–17　路卡的内容

路卡	详细内容
运输路线图	标注出发地、目的地、总里程、途经城市、高速公路、国道等
路线注意事项和风险点提示	包括限速、限高、限重、禁行路段、主要风险点和现场照片等信息
应急措施（选择性）	包括泄漏处理、事故处理、联系方式等信息
其他信息（选择性）	包括运输时间、司机姓名、联系方式等信息。路卡的内容要准确、完整，同时还要根据实际情况进行调整并定期更新

评估线路和制作路卡有助于降低危化品物流运输风险，是危化品物流承运商确保运输安全的重要措施，具体有以下几项优点：提高运输效率，司押人员能够

提前了解沿途路况，包括道路状况、交通管制、危险路段等；确保运输安全，帮助司机了解运输路线上的应急措施，包括对应运输介质泄漏处理、事故处理方式、方法等；方便管理，作为运输过程的记录，方便管理人员进行监督和检查。因此，危化品物流承运商应该重视线路评估和路卡制作，并将其作为运输过程中的重要参考和保障，最终在环境因素中的运载路线层面实现风险可控化。

（二）危化品运输风险监测预警

在危化品运输过程中，各种异常情况和极端天气都可能对运输安全造成重大威胁和风险。因此在危化品运输车辆在执行承运任务之前，进行全面风险评估和预警提醒，可以有效降低运输过程中的风险。危化品承运商应根据运输路线、天气状况、货物性质等因素，进行全面风险评估，并制定相应的应急预案。同时，根据风险评估结果，向驾驶员和相关人员发出预警提醒，告知可能出现的异常情况和极端天气，并提供应对措施。如表4-18所示，及时获取并传递异常情况和极端天气预警信息，可以帮助驾驶员及时采取措施，避免事故的发生。

表4-18　异常情况和极端天气预警信息

预警方向	内容
异常天气情况预警	可以利用GPS定位系统或北斗卫星导航系统、视频监控系统等技术手段，实时监控运输车辆的行驶状况，并及时向驾驶员发出异常情况预警，如车辆因异常天气造成偏离路线、速度过快、轮胎温度过高等
极端天气预警	应密切关注天气预报，及时向驾驶员发出极端天气预警，如暴雨、大雾、强风等，并提醒驾驶员采取相应的安全措施

危化品物流承运商针对危化品车辆运输任务事前和事中的异常、极端天气预警提醒具有十分重要的意义。通过完善的预警提醒机制，可以有效降低运输过程中的风险，保障运输安全，最终在环境因素中的异常、极端天气预警方面实现风险可控化。

四、危化品物流承运商公司管理要素的风险控制

在危化品物流运输业务中，针对管理要素的风险控制可以分为事前的计划管理和事中的变更管理。因此，构建完善且合规的危化品物流运输管理规定或制度至关重要，规定需要明确各项运输环节的责任、要求和运行规则，规范危化品物

流运输业务，加强上下游衔接，提高服务质量与安全管理水平。通过对危化品物流运输管理规定的宣贯，合作单位能够更加深刻地认识到危化品物流运输的体系化运作流程，合法合规地严格按照相关规定进行操作，从而有效降低事故发生的概率。以下从计划管理和变更管理两个角度介绍炼油销售公司管理要素的风险控制以供参考。

（一）计划管理

每年第四季度，炼油销售公司物流运营部根据物流业务需求部门提报的年度需求编制年度物流配送计划，之后具体到月、周、日计划的制订与执行，流程请参考图4-8。

危化品物流承运商根据驻厂办下发的日计划或周计划，提前进行安排运输计划，如果出现不能满足计划实施的情况，提前联系驻厂办人员进行计划变更，并报炼油销售公司物流运营部。

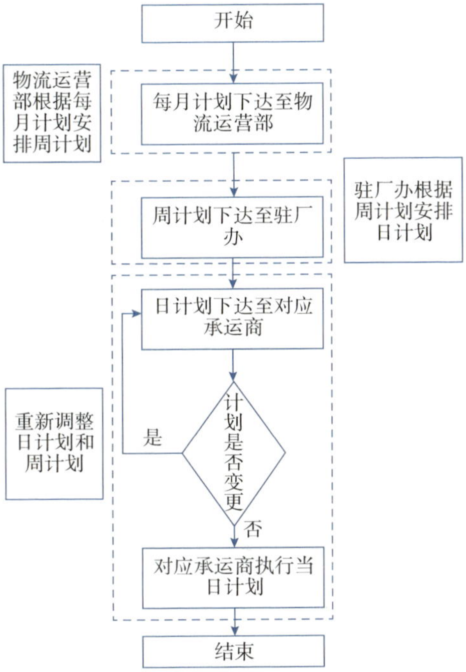

图4-8　配送计划管理

（二）变更管理

为进一步管控好因变更带来公路运输风险的增加，炼油销售公司发布《关于加强公路运载工具常态化安全管理要求的通知》，变更管理的规定分为三个部分，即人员变更、车辆变更和路线变更，这三种变更形式均可运用以下流程进行管控，如图4-9所示。

其中新车辆必须持有的变更检查认证，一般由第三方专业检查机构出具，人员的相关从业资格、体检报告、新线路的路卡等。特别是对于人员的变更还需要在电子提货系统中进行安全考试，考核合格后更新人员信息至配送人员库，方能入厂提货，开展运输业务。

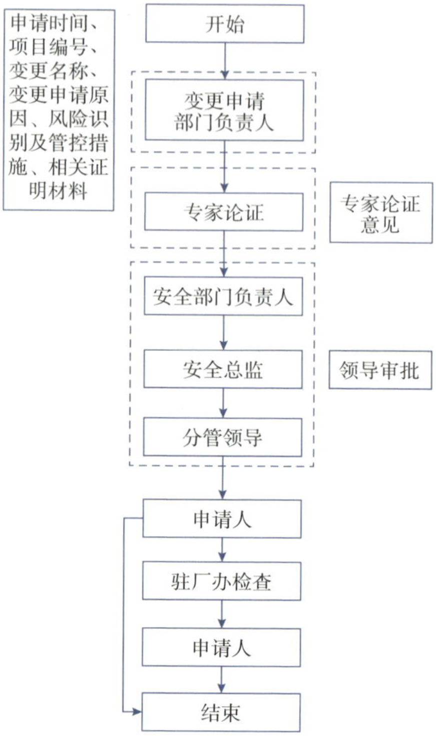

图 4-9　变更管理流程

案例　最佳自检视频比武活动

“××运输公司，车牌号××，挂车号××，驾驶员××，押运员××，今日运输路线为××至××，执行××产品运输任务，运输路线风险为……”晨曦中的危化品车辆的停车场上，驾驶员和押运员着装整齐、精神饱满的开始拍摄危化品运输车辆出车前自检视频。

时间回溯到2023年6月，炼油销售公司在西安举办的“自检视频最规范”网络比武圆满结束，自此，自检视频拍摄全面进入常态化管控阶段。为了更好地提升各承运商的有效落实，2023年7月，炼油销售公司又精心组织了“每日自检视频评比”活动。对于那些自检视频拍摄认真、检查项目齐全的司押人员，炼油销售公司不仅会给予表扬，还鼓励承运商对获得表扬的司押人员进行表彰。

然而，问题也随之而来。由于各承运商对危化品运输车辆自检内容的理解存在差异，在视频拍摄过程中，出现了不少关键风险点漏检等诸多状况。在活动开展的初期，这让炼油销售公司的评比人员伤透了脑筋，他们最发愁的就是找不到每日的最佳视频，那些抽检评比出来的相对最佳视频，也难以达到优秀视频的标准，无法进行分享学习。

面对这种情况，炼油销售公司当机立断，组织专业人员根据不同运载工具，为危化品运输车辆的自检拍摄内容定制了一系列日、周、月示范教学视频。这些教学视频被发放到各个承运商处，承运商们积极组织司押人员进行学习，并推动他们开展规范操作，一步一步，稳扎稳打，让危化品运输车辆的自检视频逐步走向标准化、规范化。

随着司押人员对检查项越来越熟悉，他们的检查动作变得愈发流畅，他们的底气也越来越足，声音愈发洪亮，整个人的精神面貌都有了明显的提升！

就这样，经过长达9个多月的每日最佳视频评比，共产生185期最佳视频（图4-10），司押人员对危化品车辆自检的45个项目已经烂熟于心，运用自如。到了2024年4月，炼油销售公司审时度势，将45项缩减为40项，在不增加风险的前提下，适当减轻了司押人员的自检工作量。与此同时，评比的频率也从每日一次调整为每周一次。

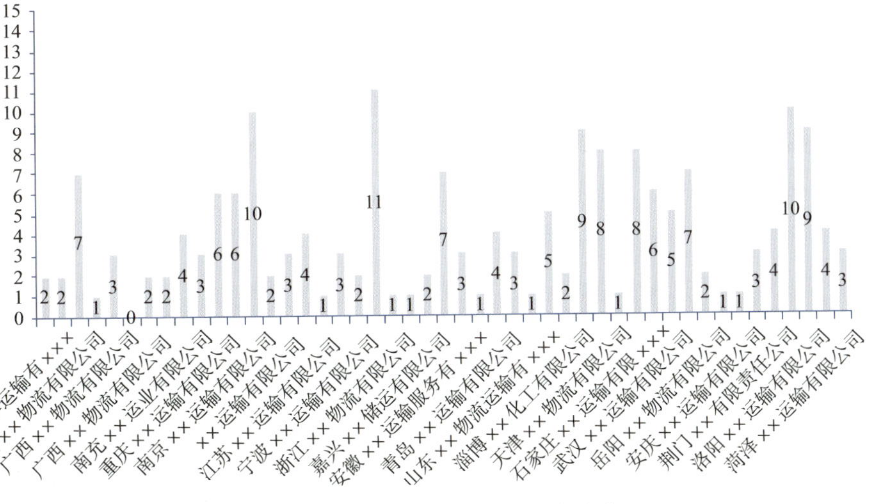

图4-10 185期最佳视频获得承运商分布统计

在整个评比期间，炼油销售公司的物流运营部肩负起监督和随机抽查评比的责任。各驻厂办也毫不懈怠，他们不仅要把对属地承运商每日视频进行核查当作一项常态化工作来抓好、落实，还要每周定期前往现场，对配送车辆进行抽验、核查，并及时将核查信息进行通报，确保司押人员的视频检查与车辆实际情况吻合。这一系列的举措，犹如一张严密的大网，守护着危化品物流运输的安全与规范。

自检最佳视频示例（扫码观看）

本章小结

危化品物流运输因其危险性，需要严格的风险控制措施。本章以炼油销售公司的管理要求为例，从运载工具、人员行为、环境因素和管理要素四个角度，探讨了危化品物流运输“三点一线”过程中的风险控制关键点。运载工具的风险控制强调车辆本质安全和设施设备的自检，车辆本身的设计、制造和使用需最大限度地降低事故风险，而车辆出车前的视频自检则能有效识别潜在安全隐患；人员行为的风险控制以可视化动态管控和多维度巡查预警为主，通过规范监控室建设，以及“七查”模式，实现对司押人员的全方位安全监督，确保操作规范、意识到位；环境因素的风险控制则需重视线路评估、路卡制作和风险监测预警，路线评估和路卡能帮助司机了解路线信息和潜在的风险，而风险监测预警则能及时应对异常情况和极端天气，降低运输风险；管理要素的风险控制则需要建立完善的危化品物流配送管理规定，规范化管理流程、责任划分和监督机制，并结合计划管理和变更管理，确保物流配送的规范性和安全性。总之，通过多维度构建安全体系，实现对危化品物流运输全流程的风险控制，可以有效保障车辆平稳运行、任务圆满完成，最终达到运输安全的目的。

5

第五章

危化品物流运输安全管理要求宣贯与教育

按照炼油销售公司《HSE 管理体系手册》要求，炼油销售公司高度重视提升危化品物流承运商的综合素质和安全管理能力。为帮助承运商履行好安全主体责任，炼油销售公司建立一整套完善的宣贯教育机制，确保对承运商的各项安全管理要求落实落地。

第一节 安全管理要求宣贯的意义与目标

一、现实意义

强化对危化品物流承运商的安全宣贯旨在压实运输主体的安全责任，增强危化品物流承运商的责任心和使命感。向危化品物流承运商宣贯国家和企业的安全方针政策、法律法规和管理要求，学习事故案例教育警示，分享行业先进管理经验，组织形式多样的竞赛活动，让危化品物流承运商能够顺应时代发展，树立正确的安全观，提升对安全形势的认知层次，主动提高安全保障能力，为危化品运输业务安全平稳开展打下坚实基础。

二、主要目标

对危化品物流承运商的安全要求宣贯旨在提升从业人员的安全素质，包括但不限于安全观念、安全意愿、安全认知、安全知识、安全能力等，安全意愿不等同安全行为、安全知识不能当作安全能力，以更加直观的感官触动，便于危化品物流承运商自身内化转换吸收。通过传递安全环保责任意识和服务理念，督促危化品物流承运商认真落实炼油销售公司各项安全管理要求；通过交流分享汲取先进管理模式，提升危化品物流承运商自身管理水平；通过学习国家政策和法律法规，共同探讨制定切合实际业务的安全管理制度。让危化品物流承运商在思想上重视，在行动上落实，合作共赢，筑牢安全根基，共同推动危化品物流行业的高质量发展。

第二节 内容与形式

对危化品物流承运商的安全要求宣贯既是为了落实集团公司将危化品物流承运商安全管理责任落到销售企业的明确要求，也是炼油销售公司和危化品物流承运商一起共同努力，提高安全管理水平，保障生产企业正常进出厂、稳定生产运行的重要基础，更是中央企业承担社会责任的具体表现。

一、安全要求宣贯的内容

在快速变化的物流行业环境中，危化品物流承运商需要不断提升自身企业业务能力。为了确保合作的危化品物流承运商能够跟上行业发展的步伐，并安全高效地协同工作，炼油销售公司按照物流全链条模式--事前、事中、事后，建立全方位流程化监管。从基础制度及作业规范化教育，到物流作业过程中监督管控，以及对作业环境、人员的跟踪式画像分析梳理等方面都提出了相应的管理要求。

1. 制度宣贯

制度宣贯是指炼油销售公司系统化地对危化品物流承运商开展制度规范、工作流程、管理标准等宣贯教育。对于新合作伙伴，制度宣贯可以迅速了解双方合作模式；对于成熟合作伙伴，制度宣贯是持续提升合作粘性和适应发展变化的关键步骤。通过制度宣贯让危化品物流承运商及时了解炼油销售公司制度要求，确保所有危化品物流承运商对工作流程和规章制度有清晰的理解，有利于双方在合作中保持一致性，有助于危化品物流承运商了解相关法律、法规和行业标准，确保物流合作的合法性和合规性。

2. 业务流程规范性指导

物流要做到“安全送达、合格送达、及时送达”，需要保证在装、卸、停、运“三点一线”的安全。通过与危化品物流承运商讨论制定并宣贯“百项违规”考核标准，保证人员的安全行为。针对各产品不同的特性，制作出车前检查教学视频，保证物的安全状态。制作标准化路卡，标识每条线路的路段要求及风险点，保证环境以及货物的安全。

3. 信息系统应用指导

炼油销售公司物流安全管理已全面步入数字化时代，对危化品物流承运商进行电子提货系统、石化e流、配送安全数字平台等相关信息系统的应用指导，借助信息化手段集成信息，赋能物流运输业务，强化与危化品物流承运商信息传递，提高运营效率，降低安全风险。

4. 监控岗位人员教育

可视化管理是当前危化品物流管理一个重要的管理手段，其中监控岗位人员的素质决定了可视化管理的质量。因此炼油销售公司高度重视各承运商单位对监控人员管理与培训，出台一系列的管理要求并要求承运商持续做好监控人员的培养与选拔，确保监控人员发挥过程监管、事前干预的作用。

5. 应急技能交流

应急技能交流不仅可以提高救援技术水平，增强危机意识和责任意识，还能提升企业自身的风险防范与应急处置能力，更有助于社会的整体安全。炼油销售公司通过与危化品承运商应急技能的交流，增强其应急能力，提升应急处置技能，提高应急救援效率。使危化品物流承运商在应对突发事件时能够快速响应，有效地控制事态发展，减少事故造成的伤害。

6. 司押人员画像

物流安全的保证来源于对人的管理，建设安全意识强、驾驶技术硬、安全素质高的司押人员队伍尤为关键。只有落实到具体操作的人才能够把控住危化品风险的根源，将安全监管的关口前移，强化过程监管，提升全员安全素质，要求承运商重点对一线司押人员进行法律法规、制度、标准和规范的教育，通过画像，掌握司押人员的行为特点，从而进行有针对性地管控，帮助司押人员养成“严”“细”“实”的工作作风，将安全被动管理化为主动执行，激发员工的积极性。

二、安全要求宣贯的形式

1. 制作教学视频与动漫

为了让危化品物流承运商一线司押人员学会、学懂、学透关于安全操作的流程，炼油销售公司采用了更加直观的教学视频及动漫的形式教学，如图5–1所示，相关资料还可扫描本章节附的二维码了解详情。

2. 编写学习手册

编写学习手册，将成型且成熟的系统运用流程分享给危化品物流承运商，使得系统操作更便捷。编写《物流安全管理手册》（图5–2）并分发给危化品物流承运商，司押人员可随身携带，将炼油销售公司的安全管理要求真正地入脑入心。

3. 组织技能比武

组织物流安全学习竞赛暨网络比武活动（2023年线下总决赛现场见图5–3）。以法律法规和“百项违规”内容为基础题库，让危化品承运商在竞赛中了解、掌握安全技能知识，夯实司押、监控等实操人员法律法规的基础和炼油销售公司的管理要求。参赛人数及参赛区域较往年进一步扩大，影响力持续提升，以“以赛促教、以赛促改”为目的，全面提高从业人员的安全意识、对突发事件发生时的应对和解决能力、自我保护能力。

“曝光榜”专项检查教学视频

车辆头挂链接磨盘检查教学视频

液化石油气槽车气密性检查教学视频

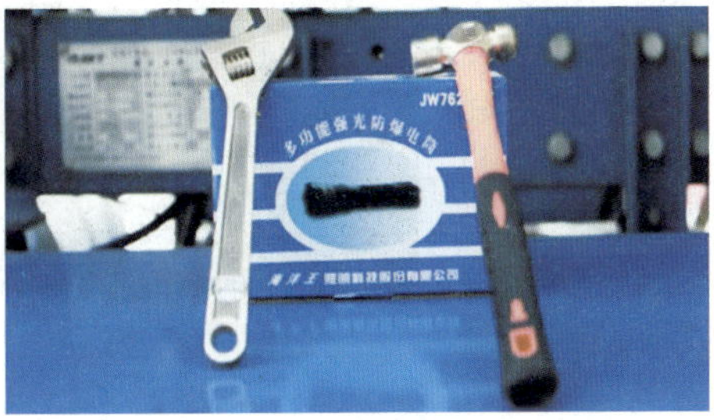

液体硫黄车辆安全检查教学视频

图 5-1　教学视频示例

图 5-2　物流安全管理手册

图 5-3　线下总决赛现场

4. 现场观摩交流

组织危化品物流承运商到优秀企业及同行中观察、学习和体验，通过实地场景化交流（图5-4）。对照自身管理，找出差距与不足，向行业标杆企业看齐；通过正向引导，促进危化品物流运输行业的健康发展。

图5-4 危化品物流承运商实地观摩学习

5. 组织经验分享

通过定期组织召开物流安全季度例会（图5-5），为危化品物流承运商提供了一个交流经验和分享实践的最佳平台。会议期间，危化品物流承运商不仅可以了解到同行先进的管理经验，促进了知识和技能的传播，还能加强与同行之间的沟通合作，提升危化品物流承运商队伍的整体服务效能。通过反思和总结过往的经验，对照先进管理方式方法，能够更好地规划未来的行动方向，实现持续改进和发展。

图5-5 危化品物流承运商相互分享经验学习

第三节　案例分享

司押人员、监控人员的教育与管理、运输企业的资料管理等都是困扰不少物流管理者的难题，这里我们根据近年来大家交流分享的经验，选取了一些实操案例分享如下。

一、如何落实监控人员的岗位职责

监控人员作为目前远程数字化监管应用于物流后新出现的岗位，作为监控人员将从事前准备、事中监督、事后分析来落实好岗位职责，发挥好监控员的风险识别分析作用。具体如下：

（1）监控员从设施设备开始检查，了解出车前状况，事前准备流程图如图5-6所示。

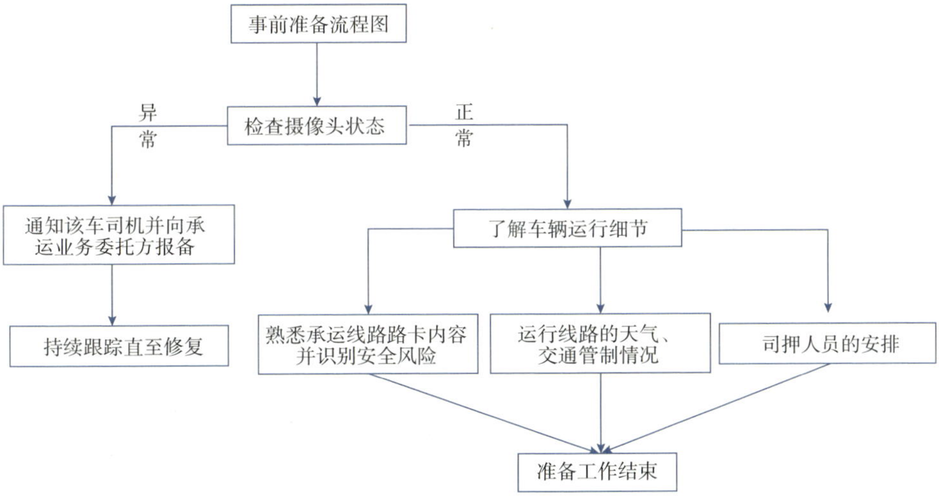

图 5-6　监控人员监控前准备流程

（2）监控员发挥事中监管的作用，实行对车辆的全覆盖检查，事中监督流程图如图5-7所示。

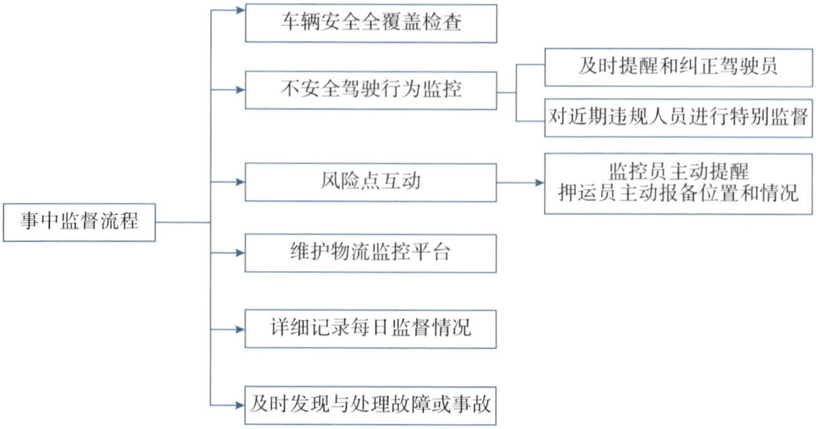

图 5-7　监控人员监控监督流程图

（3）监控员在当日当班结束后对整体工作进行梳理总结如图 5-8 所示。

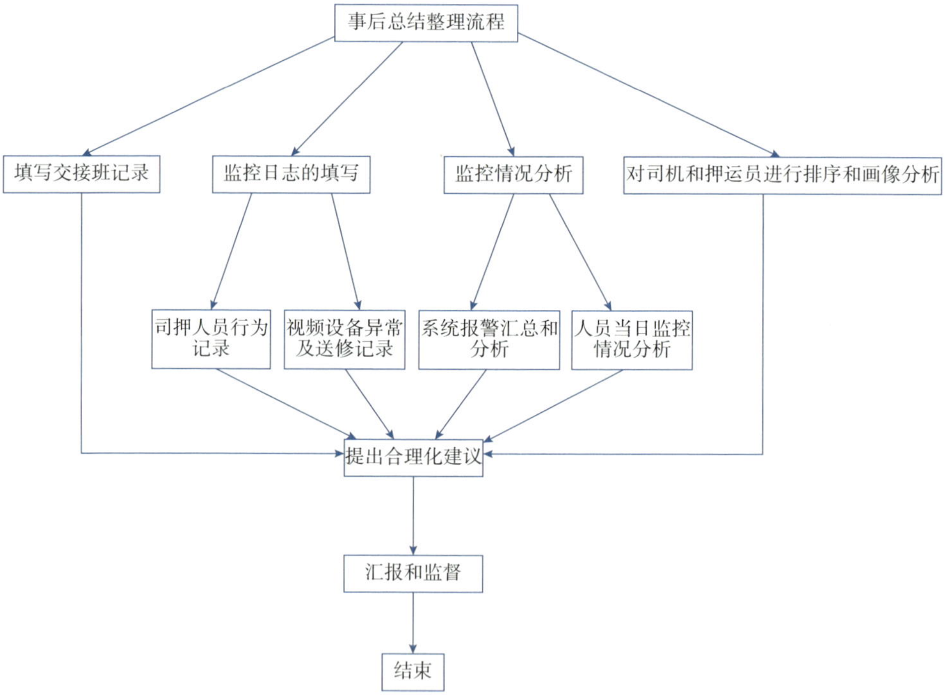

图 5-8　监控人员监控总结流程图

二、如何进行司押人员的招聘

借鉴相关危化品物流承运商的优秀经验，具体流程图如图5-9所示，供承运商参考。

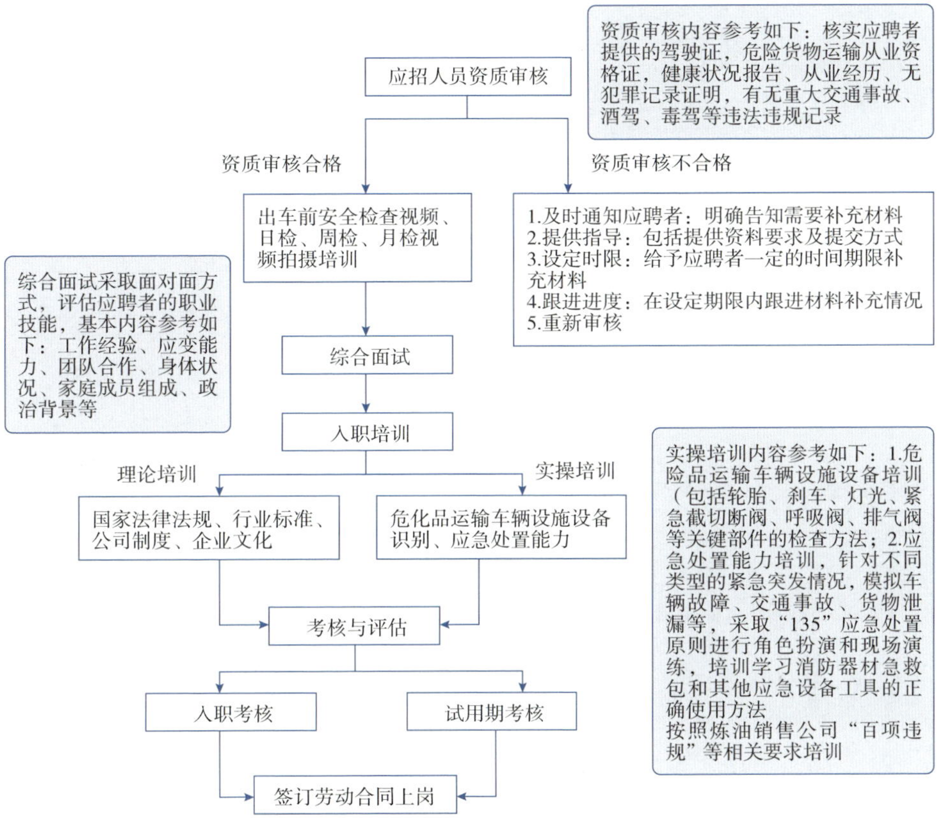

图5-9　司押人员招聘流程图

三、如何进行资料的收集整理

规范的资料管理能够提高效率与准确性，确保信息的快速定位和检索，提升工作效率；可以确保企业合规要求与控制风险，促进协作与沟通：良好的资料管理体系能使团队成员方便地共享资源，促进跨部门的高效协作，从而提升整体执行力。通过对历史数据和资料的有效管理及分析，管理者可以获得全面、准确的信息支持，以做出科学合理的决策，为公司的稳健发展奠定基础。

整理资料的八字箴言：真实、及时、完整、有序。具体流程如图5-10所示。

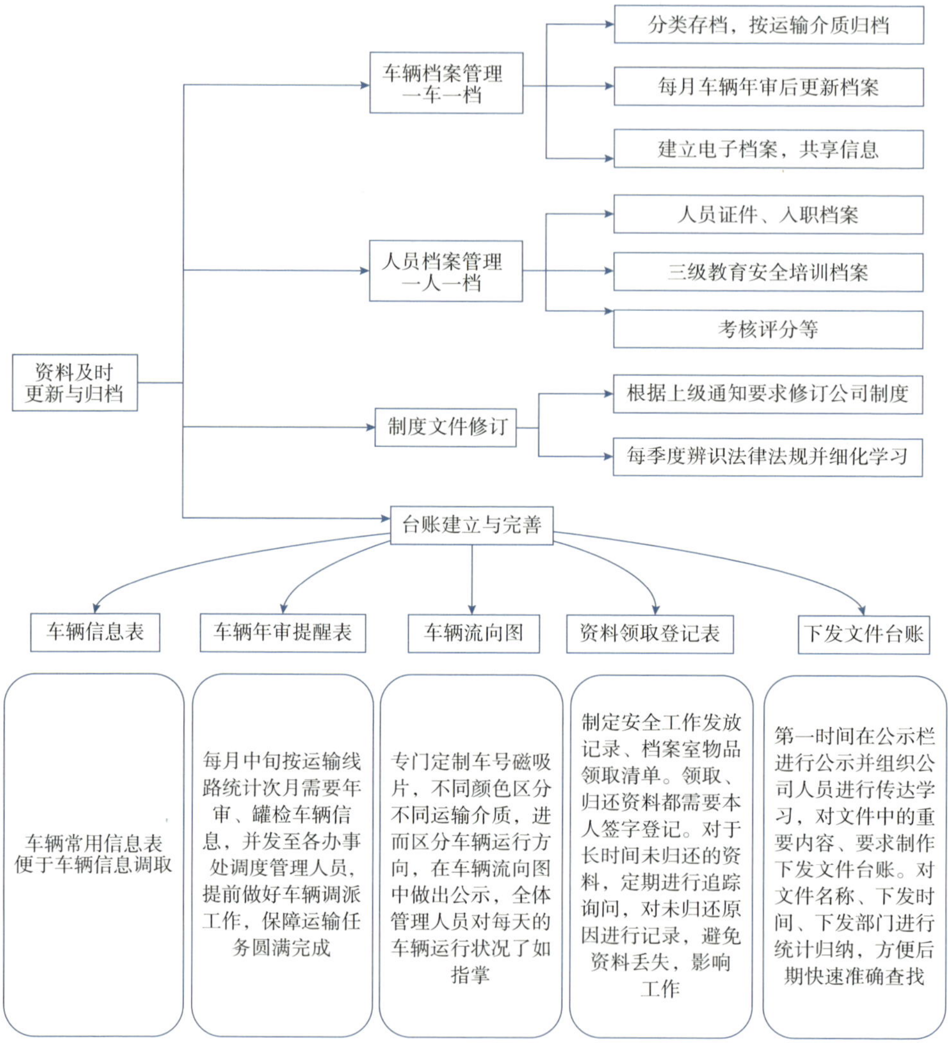

图5-10　资料规范整理流程图

本章小结

本章节的主要内容为炼油销售公司依照国家和行业对危化品物流运输管理规定和要求，针对危化品物流承运商开展多种形式安全要求宣贯，并提供同行业优秀的管理经验以供参考。通过多样化的宣贯形式，推动了危化品运输业务的平稳开展，促进了危化品承运商之间的良性竞争，提高了危化品运输行业的安全管理水平。

对炼油销售公司而言，强化安全宣贯教育是降低事故概率、优化管理方法的重要手段，通过多维度、多角度的交流分享安全经验、汲取事故教训，互促互进，全面提升承运商安全管理能力。

“曝光榜”专项检查教学视频（危货）（扫码观看）

液化石油气槽罐车气密性检查教学视频（扫码观看）

车辆头挂链接磨盘总成检查教学视频（扫码观看）

液体硫黄车辆安全检查教学视频（扫码观看）

“曝光榜”专项检查教学视频（普货）（扫码观看）

6

第六章

危化品物流运输事故应急与处置

随着我国经济快速发展，危化品生产、储存、运输等环节日益频繁，危化品在物流运输过程中发生事故，会对人民群众的生命财产安全造成严重威胁。因此，加强危化品物流承运商事故应急与处置工作、提高事故应急预案的针对性和实用性，已成为当务之急、重中之重。

第一节 事故应急预案编制的必要性和重要性

事故应急预案是指为应对突发事件或事故，预先制定的组织措施、技术措施和应急资源配置等方案。是指导性强、可操作性高的行动指南，有助于迅速、有序、有效地应对各类事故。

编制事故应急预案的必要性体现在以下方面：

（1）法律法规的要求。《中华人民共和国突发事件应对法》明确规定，各类企业、事业单位、社会团体和个体工商户应当根据法律、法规、规章和上级人民政府的要求，编制应急预案，并进行备案。《中华人民共和国安全生产法》《危险化学品安全管理条例》等相关法律法规规定危化品运输企业必须制定应急预案，以应对可能发生的事故和泄漏事件。这是法律对企业安全管理的基本要求。不编制应急预案或者应急预案不符合要求，将面临法律责任。

（2）预防为主、防控结合的原则。事故应急预案编制是预防工作的重要组成部分，通过提前分析可能发生的事故类型、风险程度、影响范围等，有针对性地制定应对措施，从而降低事故发生的概率，减少事故损失。

（3）提高应对突发事件的能力。事故应急预案编制和演练有助于提高企业、单位和社会的应急意识，明确应急职责，熟悉应急程序，提高应对突发事件的快速反应能力和组织协调能力。

事故应急预案的重要性主要体现在以下方面：

（1）保障人民群众生命财产安全。事故应急预案有助于迅速组织救援，确保在事故发生时人民群众能够得到及时、有效救助，减少人员伤亡和财产损失。

（2）维护社会稳定。事故应急预案的制定和实施，有助于事故发生时迅速控制局势，防止事态扩大，维护社会秩序和稳定。

（3）提高企业竞争力。事故应急预案编制和演练有助于提高企业安全管理水平，降低事故风险，从而提高市场竞争力和可持续发展力。

总之，事故应急预案编制是预防和应对事故的重要手段，是保障人民群众生命财产安全、维护社会稳定和促进企业发展的重要措施。要充分认识到事故应急预案编制的必要性和重要性，切实加强应急预案的编制和实施工作。

第二节　危化品物流运输事故应急预案种类

按照《生产经营单位生产安全事故应急预案编制导则》（GB/T 29639—2020）的要求，应急预案体系主要由综合应急预案、专项应急预案和现场处置方案构成。事故应急预案种类及内容见表6-1。

表6-1　事故应急预案种类及内容

应急预案种类	内容
综合应急预案	应急预案体系的总纲，主要从总体上阐述事故的应急工作原则，包括应急组织机构及职责、应急预案体系、事故风险描述、预警及信息报告、应急响应、保障措施、应急预案管理等内容
专项应急预案	为应对某一类型或某几种类型事故，或者针对重要生产设施、重大危险源、重大活动等内容而制定的应急预案。专项应急预案主要包括事故风险分析、应急指挥机构及职责、处置程序和措施等内容。对于危害大的风险，要制定专项应急预案，例如火灾事故专项应急预案、泄漏事故专项应急预案等
现场处置方案	根据不同事故类型，针对具体的场所、装置或设施所制定的应急处置措施，主要包括事故风险分析、应急工作职责、应急处置和注意事项等内容。对于发生概率大的风险，要制定现场处置方案，例如交通事故（车辆伤害事故）现场处置方案、侧翻事故现场处置方案等

第三节　危化品物流运输事故应急预案的制定和实施

一、应急预案的制定

（一）应急预案的编制程序

应急预案编制遵循简洁、实用、有效的原则，程序包括成立应急预案编制工作组、资料收集、风险评估、应急资源调查、应急预案编制、桌面推演、应急预案评审和批准实施8个步骤。应急预案编制流程如图6-1所示。

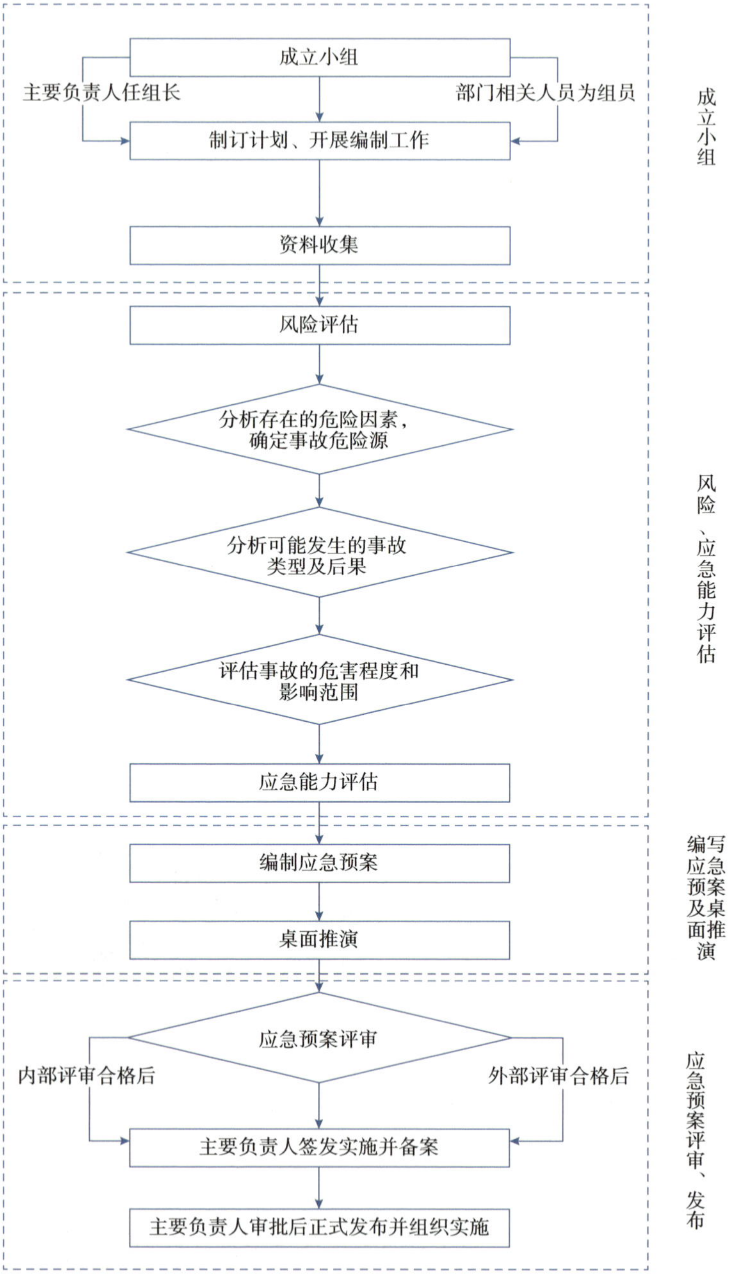

图 6-1　应急预案编制流程

（二）应急预案主要内容

应急预案的主要内容应根据承运商具体情况和可能面临的突发事件类型来制定，主要内容见表6–2。

表6–2　应急预案主要内容

组成部分	内容
启动条件	明确什么情况下需要启动应急预案
应急组织结构	包括应急指挥部、救援小组、协调部门等，各部分的职责和任务要清晰明确，应急成员的名单和联系方式要标明
预警和信息报告	收集、处理和传递应急信息，确保信息的及时性和准确性
应急响应措施	包括人员疏散、财产保护、医疗救护、事故处理等具体操作步骤
资源保障	包括人力、物资、技术等应急资源的准备和调配
后期处置	事故处理完毕后的善后工作，如事故调查、损失评估、恢复重建等
培训和演练	定期对应急预案进行培训和演练，提高应急队伍的应急能力
修订和更新	根据实际情况的变化和应急处理的总结，不断修订和完善应急预案

（三）应急预案备案

根据《中华人民共和国突发事件应对法》和《生产安全事故应急预案管理办法》，易燃易爆物品、危化品等危险物品的运输单位，应当在应急预案公布之日起20个工作日内，按照分级属地原则，向县级以上人民政府应急管理部门和其他负有安全生产监督管理职责的部门进行备案，并依法向社会公布。

应急预案的备案流程如图6–2所示。

二、应急预案的实施

（一）应急预案宣传培训

危化品物流运输过程中，各种突发事件随时可能发生，这些事件会给企业或组织带来不同程度的损失。因此，做好应急预案的宣传培训工作显得尤为重要。应急预案的宣传培训有助于提高员工的应急处理能力，确保在突发事件发生时，组织能够迅速、有效地进行应对和处理。

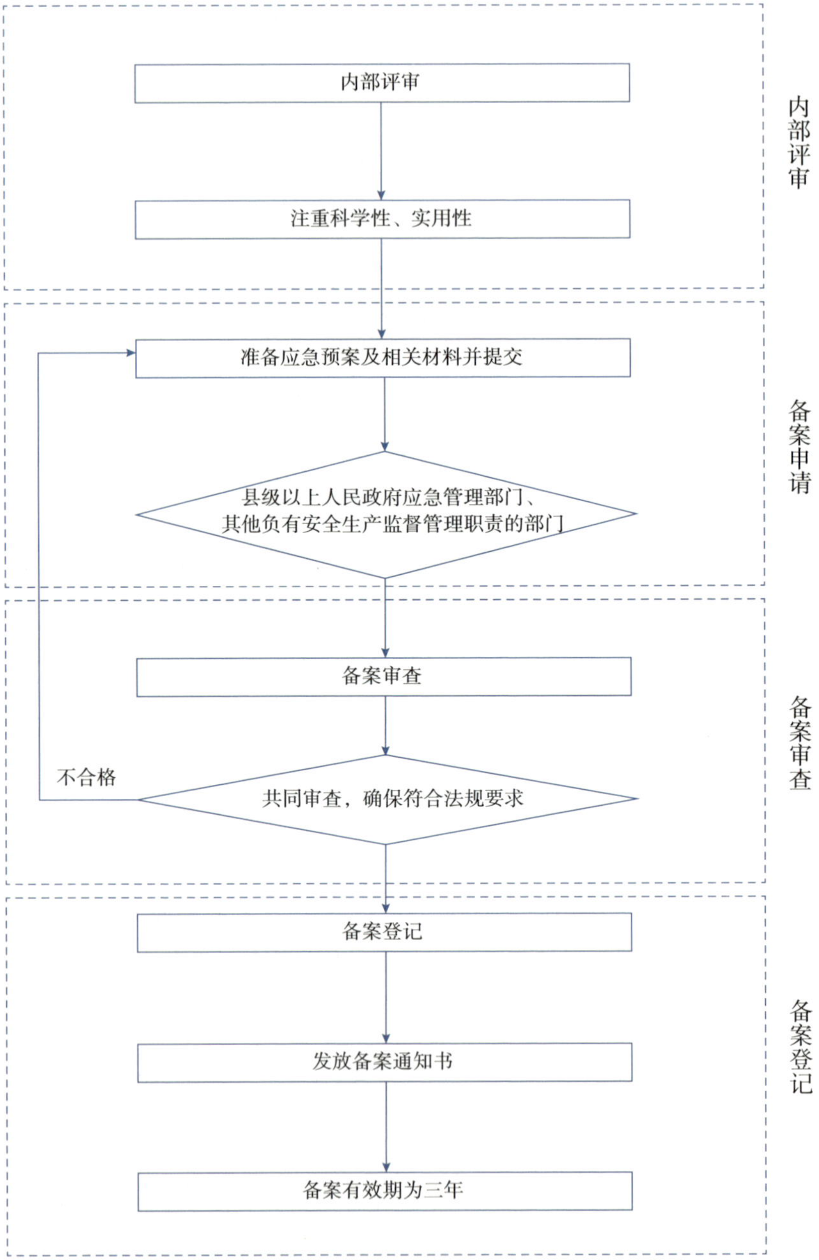

图 6-2　应急预案备案流程图

根据《中华人民共和国突发事件应对法》规定，企业和组织应当制定应急预案，并进行宣传、教育和培训。宣传培训方式、范围、内容见表6-3。

表6-3　应急预案宣传培训

应急预案宣传培训	内容
培训方式	举办培训班。组织专业人员进行授课，对员工系统培训
	制作宣传材料。如海报、宣传册等，通过图文并茂的形式，使员工更容易理解和掌握应急预案的相关知识
	利用网络平台。如企业内部网站、微信公众号等，发布应急预案的相关信息，方便员工随时查阅和学习
	组织应急演练。通过模拟突发事件，检验应急预案的实施效果，提高员工的应急处理能力
培训范围	全体员工。所有员工都应了解应急预案的基本内容和应对措施
	关键岗位。对于一些关键岗位，如安全员、司押人员等，应进行更深入、专业的培训
	新员工。新员工入职时，应将其纳入应急预案培训的重点对象
培训内容	应急预案的基本概念。使员工了解应急预案的定义、作用和重要性
	应急预案的制定。介绍应急预案的制定流程、方法和注意事项
	应急预案的实施。讲解如何在突发事件中迅速、有效地执行应急预案
	应急处理技能。如心肺复苏、火灾逃生等，提高员工的实际操作能力
	法律法规。宣传与应急预案相关的法律法规，提高员工的法律意识

（二）应急预案演练

应急预案演练要求、范围及内容、频次、程序见表6-4。

表6-4　应急预案演练

应急预案演练	内容
演练要求	严格按照国家法律法规和相关标准进行演练，确保演练的真实性、实用性和针对性
	参演人员应当认真对待，积极参与，确保演练达到预期效果
	演练过程中，各参演部门密切配合，做到信息共享、资源共用
	对演练过程中发现的问题，要及时总结、分析，制定整改措施，确保应急预案的完善

续表

应急预案演练	内容
演练范围及内容	演练范围包括危化品物流运输车辆事故、泄漏、火灾等突发情况
	演练内容涵盖应急预案的启动、应急资源的调配、事故现场的处置等环节
演练频次	每年至少组织一次全面应急预案演练
	对于新入职员工，应在入职培训期间进行应急预案演练
	根据实际业务需要和法律法规要求，适时组织专项应急预案演练
演练程序	演练前，组织者应向参演人员详细讲解演练目的、内容、程序和注意事项
	演练过程中，各参演部门应按照预案要求，迅速启动应急响应程序
	演练结束后，组织者应组织参演人员进行总结会议，对演练过程中存在的问题进行分析和整改
	演练总结报告应报企业负责人，并留存归档

（三）应急预案评估与修订

随着时间推移和社会环境的变化，应急预案的有效性和适用性可能会降低。因此，定期对应急预案进行评估与修订，确保应对能力持续提升。

应急预案评估与修订的相关要求、需修订情形以及评估与修订周期见表6–5。

表6–5　应急预案评估与修订

应急预案评估与修订	内容
评估与修订相关要求	全面性，评估应涵盖应急预案的所有组成部分，包括组织架构、预警机制、应急响应流程、资源配置等
	灵活性，应急预案应能适应不同类型突发事件的特点和变化
	动态更新，随着外部环境的变化和新情况的出现，应急预案应不断更新完善
	演练验证，通过应急演练验证应急预案的有效性，发现问题及时修订
需修订情形	政策法规变化，当相关法律法规发生变动时，应急预案需要相应调整，以确保合法合规
	组织结构调整，组织架构发生变化，如部门撤销、新增或职责调整，要求应急预案做出相应更新
	应急实践反馈，根据应急演练和实际应急处理的反馈，发现现有预案的不足之处，进行针对性的修订
	新技术应用，新技术、新装备的应用需要更新应急预案，以充分利用这些先进技术提高应对效率
	外部环境变化，如自然灾害、事故灾难等风险因素的变化，也需要对预案进行相应调整

续表

应急预案评估与修订	内容
评估与修订周期	一般情况下，应急预案至少每三年进行一次全面评估和修订。在特殊情况下，如发生重大突发事件或预测到重大风险时，应立即组织评估和修订

第四节　危化品物流运输事故处置的原则与步骤

一、事故处置原则

事故处理原则包括“四不放过”原则、追根溯源及举一反三原则、精准问责原则、预防第一原则。

“四不放过”原则即事故原因未查清不放过、责任人员未处理不放过、整改措施未落实不放过、有关人员未受到教育不放过。追根溯源原则可参考“五个回归”溯源分析法（图6–3）。举一反三原则是指在追根溯源的基础上，对类似情况进行全面的排查和整改。精准问责原则要全面调查事故原因，问责依据要明确，问责过程要公开透明，问责结果要落实到位。预防第一原则需要在人员培训、运输工具、运输路线、危化品包装、应急预案、途中监控、安全生产责任制、安全检查、法律法规意识和沟通协作等方面下功夫。

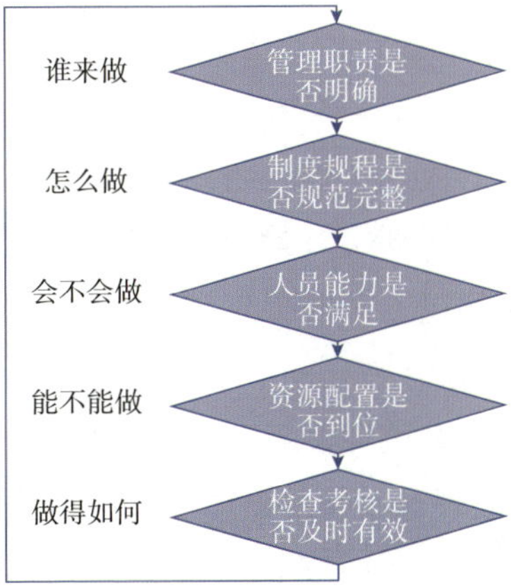

图6–3　“五个回归”溯源分析法

二、事故处置步骤

（一）法律法规相关要求

危化品物流承运商在事故处理过程中，需要严格遵守《中华人民共和国安全生产法》《危险化学品安全管理条例》《中华人民共和国道路运输条例》以及《中华人民共和国突发事件应对法》等相关法规要求，立即启动应急预案，防止事故扩大，保护现场，并立即报告相关部门。同时，承运商还需对事故进行调查，查明事故原因，制定整改措施，并报告给相关部门，确保事故得到妥善处理，减轻损失。

（二）事故处理流程

危化品物流承运商事故处理流程主要包括上报、处置、恢复、调查和追责等环节。危化品承运商在发生事故后，应严格按照流程进行处理，以确保事故得到及时、有效解决。同时，危化品承运商应加强安全管理，预防次生事故发生。

（1）上报：司押人员为事故现场发现第一人，在事故发生后，根据事故情况拨打110、120、119，同时将事故情况上报给事故单位的监控中心（应急办）和托运人以及相关部门，具体上报的内容包括：报告人姓名、联系方式、所属公司；事故发生的时间、具体地点（如×××公路×××km处）、行驶方向；事故车辆牌照、核载吨位、车辆类型、罐车罐体容积、当前状况；装载货物的名称、UN编号、危险货物品名、数量、当前状况；人员伤亡及危害情况；已采取或拟采取的应急处置措施。

（2）处置：由事故单位或其委托单位应急救援指挥部和各应急小组共同完成。应急救援指挥部接到事故报告后，根据事故的性质和可能造成的后果，发布启动应急预案级别及类别，并指令该应急级别的指挥人员到场指挥。应急指挥人员视现场情况，命令相应的应急工作小组到位，进行事故调查、事故控制、物资转移、人员撤离、危险区域划定、封锁、隔离等工作。分析突发事故的发展趋势，提出应急处置工作建议，及时报告有关情况，协助做好突发事故的信息收集。

（3）恢复：在事故得到有效控制后，事故单位应尽快组织人员进行现场恢复。恢复工作包括清理事故现场、修复损坏设施、恢复交通秩序等。同时，应确保危险品运输车辆安全，避免类似事故的再次发生。

（4）调查：事故处置结束后，事故单位应组织专业人员进行事故调查。调查内容包括事故原因、事故责任、事故损失等。在调查过程中，应认真分析事故原因，找出存在的问题，并提出整改措施。

（5）追责：根据事故调查结果，要严格按照事故处理原则对事故责任人进行追责。对于涉及违法犯罪的行为，应立即移交司法机关处理。同时，事故单位应加强内部管理，严肃处理相关责任人，以起到警示作用。

事故处理流程如图6–4所示。

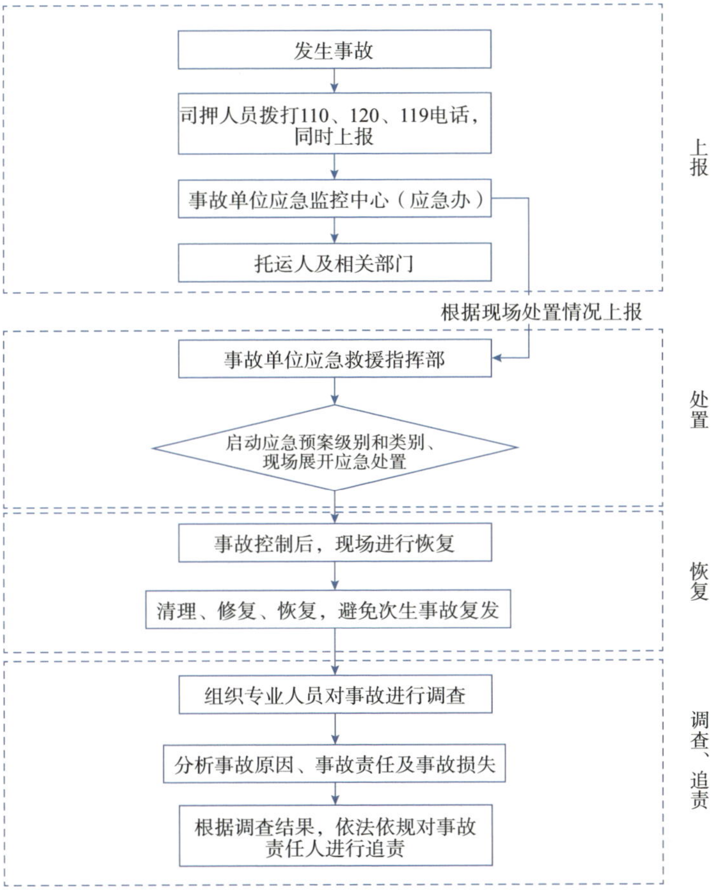

图6–4　事故处理流程

（三）事故现场处置

危化品物流承运商根据事故性质、类型和严重程度等情况，制定相应的现场处置措施。结合相关部门要求及行业经验资料，介绍以下几种常见的事故现场处置措施。处置措施仅供参考，实际应急处置措施要结合现场情况，应根据相关政府部门发布的应急预案进行操作。

1. 泄漏处置

应急处理人员戴防毒面具、自给正压式呼吸器，穿防毒服，做好防护后进入现场。首先查看现场有无中毒人员，若有人员中毒，应以最快速度将中毒受伤者送离现场。其次切断火源、泄漏源，并进行隔离。在救援抢险时，消防喷淋系统以喷雾形式或带架水枪以开花形式，对准泄漏处喷射并形成水幕，防止和减少介质向四周排放。当易燃易爆液体发生泄漏无法堵漏时，用沙袋或泥土筑堤拦截，或开挖沟坑导流、蓄积，防止漫流。收容的液体进行中和或抽运到废水处理单位处理。当罐车泄漏无法堵漏时，可用随车毛巾或棉被浸湿覆盖在泄漏点，利用冷凝效果减缓液相介质的泄漏，同时对泄漏的液相介质用沙袋或泥土筑堤拦截，或开挖沟坑导流；或采用储罐、汽车罐车或罐式集装箱等将介质回收。对泄漏的气体介质，可采用雾化水稀释，降低可燃性、有毒性气体浓度，对稀释水进行收容。泄漏处置如图6–5所示。

图6–5 泄漏处置

当罐体开裂尺寸较大又无法止漏时，实际已有液体介质泄漏，对已泄漏的介质首先应按上述泄漏处置措施要求处理。其次可借用器具堵漏，管道壁发生泄漏，又不能关阀止漏时，可使用不同形状的堵漏垫、堵漏楔、堵漏胶、堵漏带等器具实施封堵。微小的孔洞泄漏可以用螺丝钉加黏合剂旋入孔内的办法封堵。罐壁撕裂泄漏可以用充气袋、充气垫等专用器具从外部包裹堵漏。带压管道泄漏可用捆绑式充气堵漏袋，或使用金属外壳内衬橡胶垫等专用器具施行堵漏。

若阀门、法兰盘或法兰垫片损坏发生泄漏，可用不同型号的法兰夹具并注射密封胶的方法实施封堵，也可采用专门阀门堵漏工具实施封堵。如安全阀碰坏后造成介质泄漏时，可采用卡箍法（专用工具）等临时带压堵漏方法进行封堵。

2. 翻车处置

罐车翻车时，首先应确定是否有泄漏，如有泄漏可按照上述泄漏处置措施处理；如无泄漏，应制定吊装方案，采用吊车进行起吊扶正，然后将罐车移至安全处。起吊人员应有相应的专业知识，起吊用吊索应用帆布包裹钢丝绳的铠装吊索。应考虑吊车起吊能力不足情况，必要时将发生事故的罐车内的介质置换至备用的空罐车内，再进行起吊扶正，翻车事故处置如图6-6所示。

图6-6　翻车事故处置

3. 火灾处置

当液体可燃介质罐车发生火灾时，应急处理人员首先应进行灭火，并对罐体喷淋降温。消防人员必须佩戴防毒面具（全面罩）和正压式呼吸器、穿全身防火防毒服，在上风向灭火，可用雾状水、泡沫、干粉。消灭火源和降温后，再进行堵漏或扶正。易燃压缩气体罐车发生火灾时，首先考虑关闭泄漏点的阀门或切断泄漏源，如不能切断泄漏源，则不允许灭火，防止易燃易爆气体积聚于火源而发生爆炸。应急指挥人员要密切注意各种危险征兆，若遇到火势难以熄灭，着火处火焰变亮耀眼，伴有尖叫、安全阀打开、罐体发生变色、罐体晃动等爆裂征兆时，指挥员必须适时做出准确判断，及时下达撤退命令，现场人员看到或听到事先规定的撤退信号后，应迅速撤退至安全地带。罐车灭火如图6-7所示。

图6-7　需在上风方向灭火

4. 爆炸处置

罐车发生爆炸后，由当事人或专业人员做好防护后进入现场，首先查看现场有无中毒、受伤人员，若有人员中毒、受伤，应以最快速度将中毒、受伤者送离现场。其次切断泄漏源，并进行隔离，严格限制出入。防止危险货物进入下水道、排洪沟等限制性空间，喷雾状水冷却和稀释蒸汽，保护现场人员。并用防爆泵转移至槽车或专用收集器内，将其回收或运至废物处理场所处理。

5. 人体接触危化品的处置

人员皮肤与危化品接触后应脱去污染的衣物，用流动清水冲洗、就医。眼睛与危化品接触应立即提起眼睑，用流动清水或生理盐水冲洗、就医。人员吸入危化品气体应迅速脱离现场至空气新鲜处，必要时给氧、就医。因危化品吸入中毒窒息的，迅速脱离现场至空气新鲜处，解开衣扣，清除呼吸道秽物，进行人工呼吸、就医。发生危化品接触冻伤的，迅速脱离现场至空气新鲜处，脱去被污染衣物，用大量流动水冲洗，保暖处理、就医，如图6–8所示。

图 6–8　人体接触危化品的处置

（四）“135”应急卡片

危化品物流承运商在运输过程中，发生事故事件时，妥善、快速的现场处置能最大限度地降低损失，避免伤亡。为此，炼油销售公司编制公路运输“135”应急响应处置操作流程卡，旨在说明事故事件发生后的第一分钟内、第三分钟内、第五分钟内的紧急应对操作，着重强调快速响应，通过有效措施进行现场处置，防止发生次生事故，减少人员伤亡及财产损失，保护生态环境，维护社会稳定。公路运输“135”应急响应处置操作流程卡如图6–9所示。

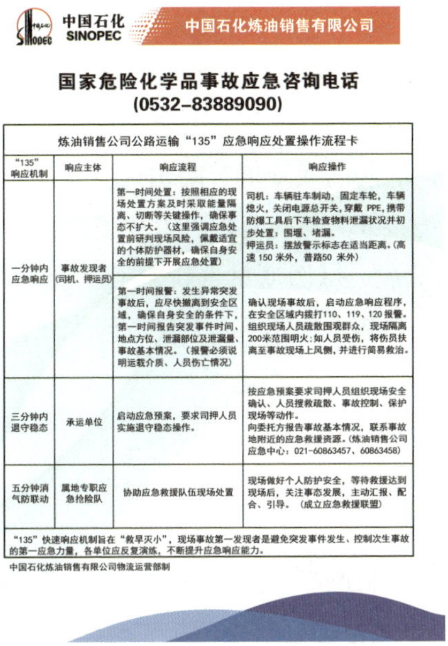

中国石化 SINOPEC　中国石化炼油销售有限公司

国家危险化学品事故应急咨询电话
(0532–83889090)

炼油销售公司公路运输“135”应急响应处置操作流程卡			
“135”响应机制	响应主体	响应流程	响应操作
一分钟内应急响应	事故发现者(司机、押运员)	第一时间处置：按照相应的现场处置方案及时采取能量隔离、切断等关键操作，确保事态不扩大。（这里强调应急处置前研判现场风险，佩戴适宜的个体防护器材，确保自身安全的前提下开展应急处置）	司机：车辆驻车制动，固定车轮，车辆熄火，关闭电源总开关，穿戴 PPE，携带防爆工具后下车检查物料泄漏状况并初步处置：围堰、堵漏。 押运员：摆放警示标志在适当距离。(高速 150 米外，普路50 米外)
		第一时间报警：发生异常突发事故后，应尽快撤离到安全区域，确保自身安全的条件下，第一时间报告突发事件时间、地点方位、泄漏部位及泄漏量、事故基本情况。（报警必须说明运载介质、人员伤亡情况）	确认现场事故后，启动应急响应程序，在安全区域内拨打110、119、120 报警。组织现场人员疏散围观群众，现场隔离200米范围明火；如人员受伤，将伤员扶离至事故现场上风侧，并进行简易救治。
三分钟内退守稳态	承运单位	启动应急预案，要求司押人员实施退守稳态操作。	按应急预案要求司押人员组织现场安全确认、人员搜救疏散、事故控制、保护现场等动作。 向委托方报告事故基本情况，联系事故地附近的应急救援资源。(炼油销售公司应急中心：021-60863457、60863458)
五分钟消气防联动	属地专职应急抢险队	协助应急救援队伍现场处置	现场做好个人防护安全，等待救援达到现场后，关注事态发展，主动汇报、配合、引导。（成立应急救援联盟）
“135”快速响应机制旨在“救早灭小”，现场事故第一发现者是避免突发事件发生、控制次生事故的第一应急力量，各单位应反复演练，不断提升应急响应能力。			

中国石化炼油销售有限公司物流运营部制

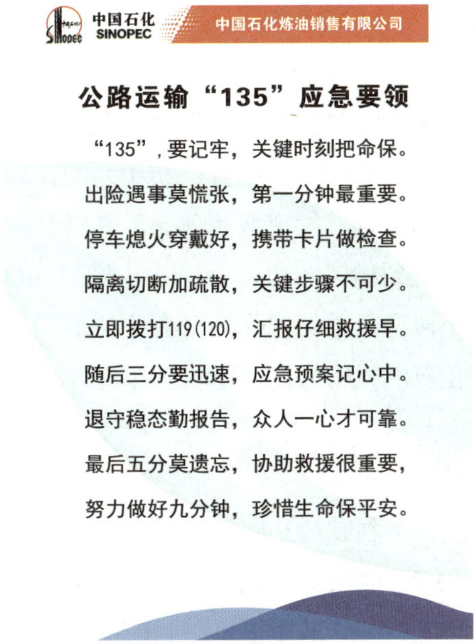

中国石化 SINOPEC　中国石化炼油销售有限公司

公路运输“135”应急要领

“135”，要记牢，关键时刻把命保。
出险遇事莫慌张，第一分钟最重要。
停车熄火穿戴好，携带卡片做检查。
隔离切断加疏散，关键步骤不可少。
立即拨打119(120)，汇报仔细救援早。
随后三分要迅速，应急预案记心中。
退守稳态勤报告，众人一心才可靠。
最后五分莫遗忘，协助救援很重要，
努力做好九分钟，珍惜生命保平安。

图6–9　公路运输“135”应急响应处置操作流程卡

第五节　应急演练实操案例

根据上述应急预案制定、实施以及事故处置，本节主要讲述各省区域的地方政府联合危化品物流承运商等单位联合举办的应急演练实例。

一、液化石油气槽罐车泄漏应急演练

时间：2024年1月18日上午10：00—11：30。

地点：广州市某运输单位停车场。

参与者：××市应急管理局、广州市××区公安交警大队、××消防支队、广州××医院、危化品物流承运商等相关单位。

主要内容包括：

（一）模拟场景

一辆载有23吨液化石油气的槽罐运输车辆行驶至××路段，观察后视镜发现槽罐车卸料操作箱缝隙有白色气体冒出，驾驶员立即将车安全停在开阔处，戴好防毒口罩后下车检查，初步判断操作箱内的阀门或管道有问题，随即打开卸料操作箱检查，发现液相球阀后卸料管法兰连接处有液化石油气汽化喷出。驾驶员立即跑到槽罐车尾部重新操作紧急切断阀开关，试图通过重新关闭紧急切断阀，阻止泄漏，重新操作后没有止住泄漏，现场判断紧急切断阀存在故障失效，罐内液化石油气压力直接作用于卸料管阀门法兰，导致泄漏。

（二）现场处置

（1）驾驶员立即关闭车辆总电源，组织押运员实施现场应急处置。

（2）驾驶员返回驾驶室取出随车应急物资和产品安全资料转移至车辆上风向安全处，并立即用手机向110指挥中心进行事故报告。

（3）押运员迅速取出下三角牌、反光圆锥筒、安全警示带，对事故车辆进行现场隔离，隔离范围直径不小于50米；并负责现场警戒，禁止一切车辆和无关人员进入隔离警戒区域。

（4）驾驶员按照应急响应程序拨打托运人应急中心电话和本公司应急中心电话报告事故。

（5）事故报告完后，驾驶员、押运员应根据液化石油气泄漏应急预案现场处置措施，穿戴好防护用品（防毒口罩、护目镜、安全帽、防护手套），相互配合采取在泄漏处缠绕绷带，并用防静电绑扎带绑扎加固，浇水浸透绷带，试图利用液化石油气在泄漏汽化过程大量吸收空气热量，造成绑扎的湿绷带结冰，减少泄漏量，降低风险，起到一定的效果。

（6）在处置过程中，押运员手腕衣袖处接触到喷出的液化石油气气体，手腕皮肤有冻伤发红、瘙痒症状，驾驶员立即用饮用的温水对冻伤处进行冲洗，并用医用纱布进行温湿包扎处置。

（7）现场紧急处置完毕后，驾驶员、押运员站在安全警戒区域外上风向位置警戒，并等待救援人员到来。

（三）应急响应

（1）运输公司应急总指挥接到事故报告后，立即启动应急预案，迅速集结应急抢险救援队伍，携带应急救援装备，出发前往事故现场。

（2）消防队赶到事故现场，消防指挥员向驾驶员、押运员了解现场险情，查看驾驶员提供的产品安全技术说明和应急处置卡后，立即布置现场救援工作。侦检员携带有毒有害物质检测仪对现场泄漏区域进行侦检并划定泄漏区域，战斗班组在事故车辆周边设置水幕，防止泄漏物扩散至安全区域；利用带架水枪以开花的形式和固定式喷雾水枪对准罐壁和泄漏点喷射，以降低温度和可燃气体的浓度。同时增加空气湿度防止静电，避免爆炸的可能；采用沙袋对周边的下水道口进行封堵，控制危险源进一步扩大。

（3）公安交警到达现场，与消防队成立现场应急指挥部，由消防指挥员担任现场应急指挥。消防指挥员将现场险情告知交警，指导交警根据消防侦检员划定的风险区域扩大警戒区，对现场进行警戒和维持现场秩序。特别对下风处扩大警戒范围，划出警戒线，设立明显标志，以各种方式和手段通知警戒区内和周边人员迅速撤离，禁止一切车辆和无关人员进入警戒区。

（4）抢险队赶赴现场，抢险队长到现场指挥部报到，队员整装待命。经消防队、交警队、抢险队现场确认，将现场指挥权移交给抢险队长担任。互通信息后，开始制定现场处置措施。

（5）医院救护队到达事故现场，向现场指挥报告，根据现场指挥指令，开始对冻伤的押运员进行医疗救治。经现场处理，押运员暂无须送医院治疗，医疗救护人员向现场指挥报告现场救治结果，按指令到指定区待命。

（6）环境检测人员到达现场，向现场指挥报告，根据现场指挥指令，在安全隔离区外对现场环境实施检测。

（四）实施堵漏

（1）在事故区上风方向，确定高浓度区、爆炸危险区、波及区，并做好隔离警戒。

（2）应急抢险队现场研究确定，采取高压注水垫高泄漏处液化石油气液位，形成保护，缓解险情，法兰夹具堵漏和倒罐的处理方案，在做好自我防护的基础上，在消防的掩护下实施堵漏。

（3）两名进入高浓度区的应急队员穿A级防护套装、自给式空气呼吸器，佩戴四合一气体探测仪，在消防队水雾掩护下对泄漏阀门利用法兰夹具进行堵漏，并用肥皂水进行试漏，确定堵漏成功。

（4）两名进入爆炸危险区的应急队员穿戴防静电应急套装、防毒口罩、手套等装备负责高浓度区与爆炸危险区的物资传送。

（5）堵漏完成后，应急救援队员经洗消撤出抢险区，并向现场指挥报告，泄漏阀门堵漏成功。

（6）为了减少事故车的液化石油气存量、降低事故车撤离现场的后续风险、防止发生二次事故，采取现场倒罐处理。

（7）倒罐转输车辆到达现场，利用事故车与转运车之间的压力差，对事故车的液化石油气进行倒罐处理。

（8）倒罐转输车辆按照现场指挥部的统一安排把车辆停放在安全位置。

（9）转运人员将车辆熄火停好，关闭总电源后，在车辆右侧第2、3轴轮胎处垫上三角木。

（10）现场应急救援人员在实施处置前，对事故车和倒罐转输车槽罐的压力进行确认压差，并负责连接事故车端的静电线和连接管，倒罐转输车驾驶员负责将转输管另一端连接转输车液相阀。

（11）检查确认各接口已紧固（举手），现场指挥确认可以转输后，现场应急救援人员和倒罐转输车驾驶员分别负责开启各自槽车液相阀门开关，实施倒罐，倒罐作业到两台车的压力接近即停止。

（12）第二台倒罐车辆到场，实施第二次倒罐作业。

（13）转输完成后，事故车关闭液相阀门，转输车关闭底阀，打开事故车辆排压阀，慢速排空转输管道内液化石油气，关闭排压阀和液相阀门，拆除转输管。

（14）转输结束，救援队队长向现场指挥报告，转输完毕。

（五）现场清理

（1）环境检测人员使用有毒有害物质检测仪对空气进行检测，结果为一切正常，向现场指挥报告。

（2）随后，组织人员对现场进行清理。

（3）应急队员拆除转输管，转输车、事故车驶离现场。

液化石油气槽罐车泄漏应急演练见图6-10。

图 6-10　液化石油气槽罐车泄漏应急演练

二、异辛烷公路运输事故应急演练

时间：2023年2月17日上午9：00—10：00。

地点：石家庄市某运输单位停车场。

参与者：石家庄市 ×× 区人民政府、石家庄市 ×× 区交通警察大队、石家庄市 ×× 区交通局、石家庄市 ×× 区应急管理局、石家庄市 ×× 区消防大队、石家庄市 ×× 区中医院、危化品物流承运商等相关单位。

（一）目的

深刻吸取某物流运输公司危化品车辆侧翻事故教训，确保异辛烷产品公路配送运输安全。

检验针对异辛烷泄漏制定的现场处置方案及专项应急预案的科学性、适用性、周密性与可行性，培训和强化司押人员了解掌握异辛烷的危险特性、行车途中的风险、车辆配备的安全设施与应急器材的使用方法，对事故现场第一时间采取应急处置方案和流程。检验应急管理人员、驾驶员、押运员的现场应急处置能力，提高应急救援队伍与其他社会救援力量的沟通协调能力。

（二）演练模拟场景

一辆异辛烷槽罐车，装载32吨异辛烷，运输路途中驾驶员因躲避行人，发生侧翻事故，导致装载异辛烷的常压油罐车罐体破裂发生泄漏，车辆司押人员受轻伤，司押人员采取现场紧急处置，撤离至安全地带并拨打119、110、120事故处理电话及向本单位报告。运输单位接到事故报告后，立即启动专项事故应急预案，根据泄漏、侧翻处置措施，组织现场展开警戒、应急抢险堵漏、倒罐、扶正作业等应急处置。最终经过交警、消防、医院等部门现场应急救援人员的共同努力，异辛烷泄漏得到有效控制。

（三）演练总结

本次现场模拟异辛烷运输事故专项应急演练，按照应急预案的内容，应急抢险、现场警戒与疏散、后勤保障任务均有效执行，整个应急处置效果得到有效检验，起到锻炼队伍，强化处置能力的作用。

异辛烷公路运输事故应急演练如图6–11所示。

图6-11　异辛烷公路运输事故应急演练

三、液体硫黄公路运输事故应急演练

时间：2021年11月12日上午10：00—11：00。

地点：宁波市某运输单位停车场。

参与者：宁波市××区交通执法队四中队、××消防救援大队、××骨科医院、危化品物流承运商等相关单位。

（一）目的

针对4类危险货物液体硫黄公路配送运输的风险，检验液体硫黄公路运输及装卸过程中发生事故的应急处置能力和实战水平。

（二）演练模拟场景

本次演练模拟一辆装载32.5吨液体硫黄的危险品运输车在前往卸货地途中

时，因后方车辆操作不当，错把油门当刹车，从而发生追尾事故，致使罐车右后侧罐体损坏，液体硫黄大量泄漏，交通堵塞。后车驾驶员受伤。

现场司押人员按照泄漏事故现场处置方案程序进行前期处理，在关闭紧急切断阀后，依旧有大量的硫黄泄漏，在万分紧急的情况下，押运员按要求拨打110、119、120请求支援，同时向本公司应急中心报告。

运输单位接到报告后，第一时间告知托运人及当地交管部门，并立即启动专项事故应急预案，组织应急人员和装备赶赴现场开展应急处置，扩大警戒、疏散，急救中心医护人员将受伤人员抬离事故现场送往医院施救，消防队用消防出水降温泄漏的硫黄，使泄漏的液体硫黄凝固从而堵住损坏的罐体，经过紧张有秩序的抢修以及对事故车辆、现场地面进行清理，泄漏的液体硫黄得到有效处置，最终顺利完成事故救援，恢复交通秩序。

液体硫黄公路运输事故应急演练如图6-12所示。

图 6-12　液体硫黄公路运输事故应急演练

本章小结

党的二十大报告指出：坚持安全第一、预防为主，建立大安全大应急框架，完善公共安全体系，推动公共安全治理模式向事前预防转型。提高防灾减灾救灾和重大突发公共事件处置保障能力，加强国家区域应急力量建设。本章节结合理论与实际操作案例，着重梳理事故应急与处理流程，希望对提升危化品承运商应急处理能力起到借鉴作用。

首先，本章从理论上讲述编制事故应急预案的必要性和重要性，应急预案的种类，应急预案的八个编制程序、主要内容和实施过程。其次，逐步讲解事故处理的四种原则与五个步骤，几种常见的危化品事故现场应急处置措施以及炼油销售公司编制的“135”应急操作。最后，结合液化石油气、异辛烷、液体硫黄三个不同产品的应急演练案例，通过模拟场景按照应急预案流程进行现场处置和应急响应，检验实战水平。

本章节叙述中附带表格和图片，内容通俗易懂，便于危化品承运商各岗位人员尤其是一线司押人员阅读理解。

液化石油气槽罐车泄漏应急处置（扫码观看）

异辛烷运输车辆侧翻应急处置（扫码观看）

液体硫黄公路运输事故应急处置（扫码观看）

7

第七章

炼油销售公司危化品物流全链条闭环安全管理实例

炼油销售公司坚持人、车、货协同管控，持续提升炼油销售公司危化品公路运输安全管理水平，危化品物流全链条闭环安全管理模式在公路运输上的成功应用后，炼油销售公司将管理标准进行横向延伸至水路运输安全管理和仓储安全管理。不仅如此，炼油销售公司持续纵向延伸为承运商输入先进的安全管理理念和标准，促进了承运商管理水平与服务水平的整体提升，下列相关案例能够为国内危化品物流运输安全管理提供有力的参考。

第一节 危化品物流全链条闭环安全管理模式推广

一、全链条闭环水路安全管理

（一）概述

炼油销售公司的水路运输主要以委托第三方船舶运输企业的形式进行移库配送业务，依据《炼油销售公司供应商管理办法》《炼油销售公司配送物流运作管理细则》等相关制度对船舶承运商进行资质审核、计划分配、计划执行和考核评价的具体执行。参照全链条闭环公路安全管理模式编制《中国石化炼油销售有限公司船运安全管理考核项目》（以下简称“水路‘百项违规’”，目前更新至4.0版，详见附录A3.2），对设备设施、人员行为和公司管理三个方面进行考核评价。通过船舶运行的策划和控制、船舶运输的安全管理与船舶承运商绩效评价等方面对船舶进行延伸管理（图7–1）。

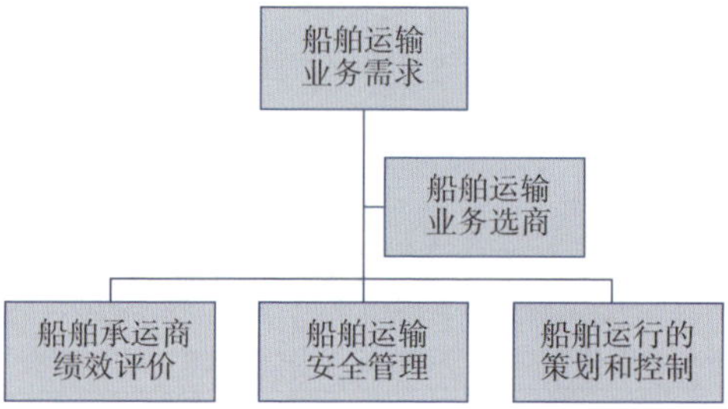

图7–1 危化品船运安全延伸管理

（二）“三点一线”视频检查

参照危化品物流运输车辆出车前检查的安全管理方式，针对水路运输安全管理特点开展船舶运输“三点一线”管理，“三点”为装货点、航道途中重要关注点（如锚泊、过桥等）、卸货点，“一线”为一个航次。通过“三点一线”船舶视频拍摄，确保船运环节安全可控（图7–2）。自2023年7月开展“三点一线”船舶视频拍摄以来，各船运公司的安全管理都有了很大的提升，船员精神面貌大为改观，船舶发运端的安全管控初见成效（图7–3）。

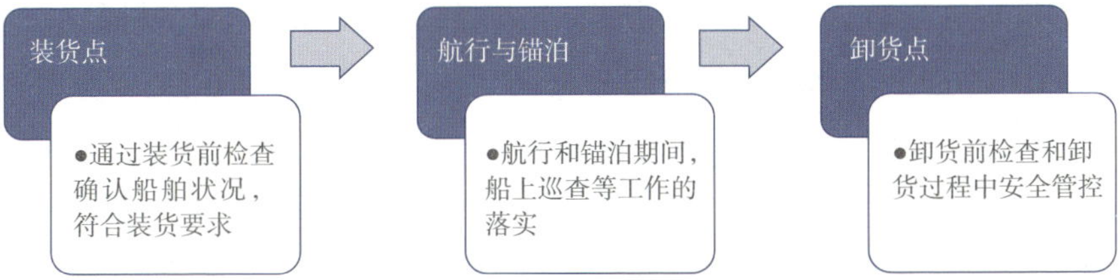

图7-2 “三点一线”流程图

装货前检查　　途中重要关注点　　卸货前检查

图7-3 “三点一线”船运视频拍摄要求

二、全链条闭环仓储安全管理

参照公路“百项违规”安全管理模式，炼油销售公司2023年发布了仓储“百项违规”1.0版，并于2024年升级到仓储“百项违规”2.0版。经过一年的运行，2024年二季度达到了“A类违规归零”的效果。

炼油销售公司在日常危化品仓储管理中，第三方评价监督机构根据“百项违规”检查表进行季度巡检、驻厂办进行月度巡检以及公司应急指挥中心实时监控，从日、月、季三个时间维度，全方位立体地对危化品仓储进行管理（图7–4）。

危化品仓储安全管理的源头是要严格把控仓储服务商的准入，炼油销售公司在严控仓储服务商准入主要是委托第三方评价监督机构对仓储服务商进行现场审查，对仓储服务商进行公平、公正评价，评估通过的仓储服务商才会纳入炼油销售公司日常业务开展中。第三方现场审查的内容主要是审核企业的资质是否齐全，财务资质是否优良，仓库资质及设施设备是否符合国家、地方、公司的各项要求，人员资质是否齐全有效、HSE资质是否健全、完善以及信息管理方面是否有数智化实时信息反馈等。

炼油销售公司对在管理中发现的违规情况进行A、B、C、D类登记划分，并对发生的问题要求仓储服务商限期整改，对整改问题形成整改闭环管理。通过循环往复的管理操作后，危化品仓储的安全等级会不断提高、安全风险会不断降低。同时，仓储安全管理工作也落到了实处。

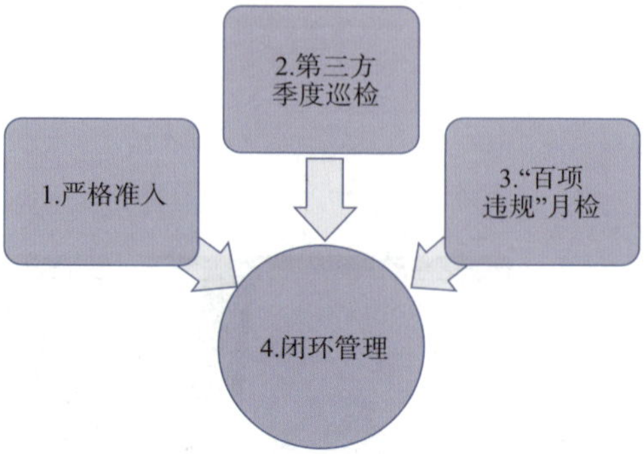

图 7-4 炼油销售公司仓储安全管理

三、客户自提模式物流安全管理

炼油销售公司本着“配送业务强势管理，自提模式配送管理”的要求，延伸安全管理范围至危化品自提承运商，实行自提业务配送管理的新模式，通过管理客户间接起到对自提承运商的安全管理，积极引导承运商建立安全管理体系，凸显央企的责任担当。

这里提到的自提承运商是指通过客户聘请运输单位进行物流运输业务的公司，本身与炼油销售公司不存在运输合同隶属关系。在自提承运商安全管理方面，炼油销售公司通过“五统一”资质准入审核、录制出车自检“小视频”、推行“曝光榜”、实施“运力池”安全管理等创新管理手段（图7–5），来提升自提承运商本质安全管理，履行公司的社会责任。

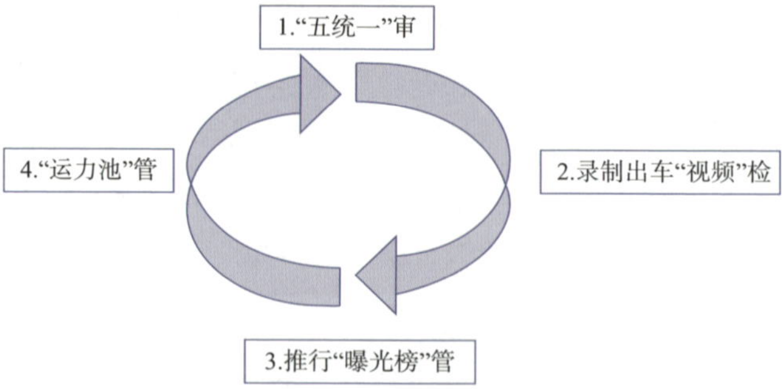

图 7-5 闭环管理模式

炼油销售公司在对自提承运商准入环节主要是采用了“五统一”审核原则。前序章节提到了“五统一”是指产权关系、劳动关系、运输生产组织、管理责任、财务管理五大方面的统一。对这五个方面进行资质审查，从源头杜绝挂靠车辆，从而推动安全管理落到实处。通过“五统一”审核后，炼油销售公司全国范围内符合要求的自提承运商缩减到360家，合格运输工具减少到3348辆牵引车，有效地规范了自提承运商的质量及运载工具的安全合格性，降低了“物的不安全因素”导致的运输安全隐患。同时，引入“运力池”概念，通过在系统中建立在运的自提承运商、车辆、司押人员信息，来实施日常安全管理。同时，利用手机视频拍摄功能、微信安全管理群平台及第三方专项检验服务公司、电子提货系统等信息化管理模式来综合提升安全管理，开展视频大比武，“安全随手拍”“曝光榜”等活动，压实自提客户及委托承运商的安全管理主体责任。

通过上述管理措施的落地，公司自提承运商的安全管理意识发生了很大的转变，从“要我安全”转向“我要安全”。与此同时，“曝光榜”数量从最初的100多项急剧下降，目前维持在个位数甚至零的状态。

第二节　炼油销售公司危化品物流承运商安全管理实例

炼油销售公司物流安全管理模式自2015年提出至2022年基本建成，在此过程中，不少承运商与炼油销售公司相伴成长、携手同行，涌现出许多令人难以忘却的故事。本小节主要以承运商和第三方视角讲述危化品物流承运商落实炼油销售公司全链条闭环安全管理模式的成效，以及承运商与炼油销售公司共同成长的故事。

一、“百项规范”筑根基

（一）概述

自饱和液化石油气企业间互供业务由炼油销售公司统一管理以后，各项安全管理措施不断完善，特别是自2017年7月份炼油销售公司实行“百项违规”以来，对承运商在人员行为、设备设施和公司管理等各方面提出了更高的考核标准和管理要求，山东齐鲁物流有限公司（以下简称“齐鲁物流公司”）将《中国石化炼油销售有限公司危化品运输道路安全管理考核项目》融入齐鲁物流公司的管理体系中，守正创新，持续提升，实现了由量变到质变的“蝶变”。

（二）运输安全实践

1. 将考核标准融入安全管理体系中去

炼油销售公司“百项违规”颁布实施，齐鲁物流公司没有生搬硬套、机械执行，先后制定了1项制度、5项标准，统一纳入安全管理体系文件中，形成管理制度、工作标准，进行宣贯，不断持续改进提升，图7-6为齐鲁物流公司开展安全管理宣贯培训。

图7-6　齐鲁物流公司宣贯培训班

2. 以人为本，紧紧抓牢安全培训关键环节

驾驶员的不安全行为是最大的风险，也是预防事故发生最关键的因素。炼油销售公司“百项违规”考核恰恰抓住了这一关键环节。齐鲁物流公司在百项违规宣贯过程中，经历了“从最初驾驶员抵触、不配合执行，到后来自觉地执行实践”的三个阶段。在这三个阶段的痛苦实践转变中，齐鲁物流公司主要做了几项工作：一是制定培训计划，定期组织开展百项违规专项培训，提高了驾驶员的法规意识、自律意识和驾驶技能。通过平台对讲系统、电话问答以及开展百项违规知识竞赛等方式，持续巩固司押人员掌握考核项目的熟练程度。二是开展“一对一”帮扶教育、上门家访、交流谈心座谈专项活动，增强了驾驶员家属对公司管理制度的认同感。家访中，一位驾驶员老父亲感人肺腑的一段话，在公司内引发了强烈的共鸣。老人说道：“你开车以来，我成宿地睡不着觉，现在严格管理，我才能安稳地睡好觉”。齐鲁物流公司严格地执行“百项违规”考核让家属的“担心”变成了“放心”。

3. 对“百项违规”既监又控，不断纠正改进驾驶员的行为习惯

按照百项违规考核项目，对运行车辆在不同时间段、不同路段、特殊天气状

况下进行分类监控，发现违规行为立即利用平台语音播报系统、电话或对讲机等方式进行提醒、干预、纠正，并对发现的违规驾驶员持续跟进监控，直至不安全驾驶行为消除。在监控过程中发现偏离线路、严重影响安全行驶的违规行为、或突然遇到恶劣天气等情形，监控中心果断下达“熔断”指令，予以干预纠正，直至停止作业。对出现违规的驾驶员，分析违规出现的原因，帮助驾驶员自觉养成良好的行为习惯，转变思想认识、形成自律。

4. 正向激励、文化引领、典型示范、持续改进

考核与奖励相结合，每年奖励是违规考核的16.5倍，通过考核奖励等方式，充分激发驾押人员遵章守纪的自觉行为。建立安全光荣榜，每年累计行驶60万千米、80万千米及100万千米以上安全行车驾驶员及当年度安全先进人物上榜，彰显榜样示范引领作用。每年召开年度安全大会，表彰安全标兵和安全生产先进个人，邀请优秀驾驶员家属参加表彰会，倾听家属心声，搭建企业与家庭和谐共建安全文化的桥梁（图7-7）。

图7-7 齐鲁物流公司领导干部深入作业现场

5. 驾驶员“画像”，风险管控，打造安全管理数字化平台

定期开展驾驶员行为大数据分析，采用计分方式进行“画像”分析评价，依据“画像”分值的大小，按照“高风险、中风险、低风险”三个等级对驾驶员进行综合评价，对高风险驾驶员采取警示约谈、交流谈心、家访关怀、领导干部“一对一”帮扶等多种形式，让驾驶员真正从内心深处认识到“百项违规”行为的危害，激发驾驶员树立“我要安全，我会安全，我能安全”的信心和决心，超越自我、持续改进（图7-8）。

图 7-8 齐鲁物流公司高风险驾驶员约谈会

（三）安全展望

齐鲁物流公司在炼油销售公司先进安全理念引领和正确指导帮助下，与炼油销售公司共同成长进步，实现了由粗放式管理到安全标准化、规范化、科学化、体系化管理；实现了由单一被动接受管理到积极主动和创新式管理；实现了由暴力式呵斥管理到人文责任关怀管理；实现了由理论安排部署到领导干部深入一线落实执行力；实现了司押人员由被动接受考核管理到安全自律意识思想认知；实现了由量变到质变的“蝶变”和升华。

“安全是齐鲁物流公司的一切！”齐鲁物流公司将一如既往地贯彻执行炼油销售公司的安全管理考核标准，在持续不断改进提升和共同成长进步的路上有你也有我，齐鲁物流公司有能力有决心奋力争创“用心服务，追求完美”的一流化工物流标杆企业。

二、“化茧成蝶”谱新篇

（一）概述

石家庄市藁城区中运汉邦经贸运输有限公司（以下简称“中运汉邦”）成立之初，办公环境恶劣、各岗位人员职责不明确、司押人员不听从运输指挥、从业人员频繁流失、各项费用支出较大、行车安全难把控等问题频出，管理工作一度进入瓶颈期。与炼油销售公司合作后，炼油销售公司领导对中运汉邦的管理人员进行耐心、细致的讲解指导，将公司之前遇到的困难一一打破，中运汉邦逐步突破瓶颈，不仅有效降低了事故发生率，而且公司“化茧成蝶”，一跃成为地方标杆企业，运输公司还搬入全新的办公区域，拥有了可容纳200余人的大型会议室（图7–9），55平方米的监控室（图7–10），在炼油销售公司的带领下开启了新的篇章。

图 7-9　现在的会议室

图 7-10　现在的监控室

（二）运输安全实践

过去中运汉邦管理人员不懂如何控制事故发生率，一味盲目地管理一线从业人员。与炼油销售公司合作以后，公司安全管理人员经常与炼油销售公司交流先进管理经验并第一时间组织全员学习。在炼油销售公司的影响下，公司建立了车辆隐患排查治理制度、制定出车前视频录制管理制度、制定《监控员日常工作要求》、制定行车路卡、开展月度现场教育培训、安全例会和远程线上教育培训、每季度与所有司押人员进行谈心谈话等管理方式，在炼油销售公司KPI考核中实现了平均分达96分，月度等级均为A。与炼油销售公司合作十余年，中运汉邦的整体安全管理水平迈上了新台阶，实现了从不会管理——懂管理——会管理——形成管理体系的巨大转变，做到了百万公里无事故的承诺（图7-11）。

图 7-11　运输公司总经理为司押人员讲解监控知识现场照片

（三）安全展望

中运汉邦一系列成绩的取得，离不开各级领导部门的支持帮助，离不开全体员工的勠力同心，中运汉邦会紧密跟从炼油销售公司的步伐，以“三个坚持、四个促进、一个落实”为导向，以更高站位、更大力度、更实作风，全力以赴、落细落实各项工作，为行业的高质量发展添砖加瓦。

三、观念一变天地宽

（一）概述

湖南长炼交通运输实业有限公司（以下简称“长炼交运”）主要为炼油销售公司提供液体硫黄、饱和液化气运输服务，刚开始面对“百项违规”等考核制度，许多管理人员和司押人员都觉得很难适应，违规时有发生，个别司押人员甚至消极对抗，2017—2020年，A、B类违规平均每年达9.25次。而今不仅自身违规近乎于零，而且还成为炼油销售公司安全管理的得力助手，其秘诀就在于观念的彻底转变。

（二）运输安全实践

2021年，面对严峻形势，长炼交运公司管理团队意识到，如果不改变这种局面，运输公司将会被市场淘汰。领导班子痛定思痛，提出了“安全是企业生存的唯一基础”的理念，认为炼油销售公司作为甲方，花这么大的精力设计管理模式，推动承运商自主抓安全，对长炼交运公司来讲是一个很好的契机，必须抓住这个机会。于是，运输公司严格执行炼油销售公司的安全管理要求，通过发挥领导的引领力、完善制度、加强宣贯、严格考核、正向激励、全面对标炼销标准一系列的措施来转变员工的思想观念，不搞“两张皮”，真正做到“炼油销售业务与非炼油销售业务一个样”（图7–12）。

在炼油销售公司的引领和帮助下，长炼交运不仅人员观念发生大变化且危化品物流运输车辆也由最初的7台增加到37台，年危化品货物运输量达20多万吨，业务范围也扩展到车辆安全检查、车辆监控服务、安全培训考试等方面。2021–2023年，A、B类违规连续为零，员工安全意识显著增强，安全管理工作也得到了省市区各级政府的高度认可。

图 7-12　长炼交运开展安全专题培训

（三）安全展望

在炼油销售公司安全管理体系的引领下，长炼交运公司转变观念、主动融入，安全管理水平大幅提升，是执行炼油销售公司安全管理标准的受益者。2024年，长炼交运提出了“打造石化系统内具有良好声誉的优秀服务商”的企业愿景，也正在为之而努力奋斗。相信在炼油销售公司安全理念的指引下，长炼交运的愿景一定会成为现实！

四、相伴成长换新貌

（一）概述

宁波溢金化工物流有限公司（以下简称“宁波溢金”）2020年与炼油销售公司正式开展合作，合作之初，公司面临人员素质良莠不齐、安全管理方法欠缺、设施设备不完善等问题。合作后，宁波溢金在短短四年里发生了翻天覆地的变化。

（二）运输安全实践

宁波溢金与炼油销售公司开展合作的四年中，在炼油销售公司组织的各个活动上学习先进经验，悉心听取炼油销售公司指导意见，正如蹒跚学步的孩子一步步跟随炼油销售公司找到了问题的破局之法，逐步实现安全管理工作的规范化、专业化，公司文化也向炼油销售公司靠近，成为一家有温度的企业。感触最深的有以下三点收获：

1. 学会出车检查新模式

同炼油销售公司合作以后，物流公司认真落实出车检查要求，依据工作经验尝试创新方法，利用手机拍摄视频的方式进行出车检查。2023年7月，炼油销售公司经过完善制度、打磨细节，正式制定自检视频拍摄制度并推广至承运商中，出车检查由安管人员现场检查转变为视频审核检查，克服查不清、查不明的问题，从根本上控制车辆“带病上路”的风险，是一项前所未有的创举（图7–13、图7–14）!

图 7-13　物流公司总经理监督指导驾驶员视频拍摄

图 7-14　液体硫黄司押人员集体进行安全会议与安全培训

2. 革新动态监控工作

同炼油销售公司合作后深刻感受到炼油销售公司对行业发展的远见卓识，在政府对动态监控工作尚未全面从严时期，炼油销售公司预先建立规范化要求，引导公司做好监控工作。炼油销售公司2021年向广大承运商提出对监控室进行升级完善，发挥好动态监控的安全管理功能。宁波溢金紧跟炼油销售公司要求，采购监控大屏和工作台等新设备；公司主要负责人亲自培训选拔动态监控队伍，又陆续完善监控室的监管制度，目前物流公司应急监控中心按照炼油销售公司提出的规范化建设要求，功能完善、运转有效、受益良多。

3. 完成人员行为安全管理体系化建设

宁波溢金与炼油销售公司开展合作后，司押人员面对“百项违规”和“零容忍”考核面露难色。公司大部分驾驶员学历水平低，没有学习教育的基础，再加上初期驾驶员对考核项目不熟悉，公司车辆违反“百项违规”的情况时有发生，违规又伴随处罚，师傅们面对条条框框的规矩难免起了逆反情绪。炼油销售公司发现违规问题没有置之不理，反而细心询问具体情况，耐心讲解整改办法，在炼油销售公司的帮助下，公司按照炼油销售公司各项建议、制度和方法，对司押人员管理提出“有规可依，奖罚分明”的思路，以炼油销售公司“百项违规”考核制度为模板，完善司押人员行为规范奖惩制度，嘉奖优秀员工，处罚违规员工，并根据违规行为来形成人员“画像”排名，在奖金发放环节作出区分，引导司押人员规范驾驶，规范操作。在一年左右的改革阵痛中，公司毫不动摇安全管理底线，坚持不懈对员工做思想工作，在炼油销售公司的指导下培养出一批安全意识高，操作习惯好，责任心强、懂规章的司押队伍，和宁波溢金一道组成温馨的大家庭（图7–15）。

图 7–15　物流公司开展 2023 年液体硫黄配送司押人员表彰合影

（三）安全展望

白驹过隙，一日千里。宁波溢金在四年间追随炼油销售公司发展方向，安全管理方面取得了显著成效，司押人员安全意识和驾驶技能得到了明显提升，在双方的共同努力下，车辆安全状况得到了极大的改善，交通事故发生率也大幅下降。公司在未来的发展中将守好安全防线，继续创新工作方法，悉听炼油销售公司教导，勇于承担责任，彰显出企业的社会责任担当和对员工的温情关怀，在变革发展中继续向前。

五、持续学习谋发展

（一）公司概述

岳阳市明达物流有限公司（以下简称“岳阳明达”）2016年正式成为炼油销

售公司合作承运商，同时也开启了向炼油销售公司学习安全管理理念和先进管理经验之旅。通过学习，岳阳明达发生了“脱胎换骨”的变化。在此，也分享几个实实在在的小故事。

（二）运输安全实践

岳阳明达公司一开始对炼油销售公司“百项违规”考核项目有些不理解，觉得“百项违规”条款太过严格，考核要求之高，已超出行业管理部门的要求，实施难度大，如果真的上纲上线，怕司押人员无法适应，留不住人。如今，岳阳明达公司从管理层到司押人员都能严格以“百项违规”考核标准为准绳，不折不扣地执行，不管走到哪里都会去分享与推广，俨然成为了“百项违规”考核标准忠实的践行者、宣贯人。“百项违规”考核标准提升了岳阳明达公司管理水平，提高了司押队伍的素质，推动了岳阳明达的安全发展。

2022年，炼油销售公司为了规范路卡管理，组织各承运商开展“路卡标准化、行车更安全”活动，要求各承运公司安全管理人员对现有全部路线的路卡内容进行风险再识别和重新修订工作。刚接到通知时，岳阳明达公司还有些不理解，认为天天跑的运输路线没有必要再花工夫去做重复的事，但在炼油销售公司的宣贯和严格要求下，岳阳明达公司也充分认识到了“道路风险评估卡”的重要性。现在岳阳明达公司所有承运车辆司押人员对“路线风险点”都能熟记于心，在运输过程中都能做到提前采取措施，规避风险，大大减少了事故发生率（图7–16）。

图 7–16　岳阳明达公司组织安全学习

2023年7月，炼油销售公司刚开始实施“出车前自检视频”拍摄规定时，公司上下都不理解，觉得出车前检查没有必要拍摄视频，觉得拍摄视频大大增加了司押人员的负担，而且还耽误时间。通过学习和实践，现在的“出车前自检视频”拍摄不仅人人认同，而且已形成标准化、流程化，检查过程也入心入脑，司押人员就是顶着炎炎烈日、冒着寒风冷雨，也会自觉高标准完成检查视频拍摄，因为大家都深刻理解了炼油销售公司的良苦用心！

数年来，岳阳明达公司紧跟炼油销售公司的步伐，不断借鉴学习炼油销售公司的先进管理经验，并结合岳阳明达公司实际，在考核机制上进行了创新，不断强化管理司押人员“应知应会”。为培养高水平管理团队，打造高素质司押队伍，并确保能留得住优秀的从业人员，在考核机制上采取了炼油销售公司提倡的对从业人员“奖罚分明，鼓励为主”模式，公司上下充满了浓厚的“比、学、赶、帮、超”氛围，为持续稳定发展奠定了坚实的基础。

为落实炼油销售公司“视频监控规范化”管理要求，营造“标准规范化、模式实用化、管理体系化”的可视化管理新格局，有效提升“三点一线”运输过程中监管水平，岳阳明达公司建立了新监控调度中心，明确了监控人员职责及上岗“四件事”。公司负责人都参与监控管理，每天轮班利用至少半小时的时间在监控中心进行监控督查。同时，为保证监控质量，提高监控工作效率，岳阳明达公司还实行了“监控再监控”的管理模式。目前，视频监控已成为岳阳明达公司安全管理上的重要抓手（图7–17）。

图 7–17　岳阳明达公司监控调度中心场景

（三）安全展望

岳阳明达公司一路走来，经历过困难，遭遇过迷惘，在不断探索发展壮大的过程中曾被批评过，被质疑过，但仍然坚持不放弃，而是始终将炼油销售公司“教科书式”的物流安全管理体系作为指引公司稳步发展的“法宝”，让先进的管理理念在岳阳明达公司不断迭代发展，期盼能成为炼油销售公司的放心承运商，也希望能在物流这个行业中不断发展、延续和传承，把岳阳明达公司建设成一家基础设施健全、管理体系完善、司押人员行为规范的物流企业，最终发展成为百年物流企业。

六、“三点一线”保平安

（一）公司概述

安徽省皖江轮船运输有限公司（以下简称“皖江公司”）始终坚持“学习是一种习惯、创新是一种爱好、奉献是一种追求”的价值观，秉持“安全是皖江公司的生命线、专注液体危险品水路运输、创新是皖江公司发展的灵魂”的企业理念。在与炼油销售公司多年的合作中，皖江公司更加坚定地将安全放在所有工作的第一位，不折不扣地执行炼油销售公司的安全管理要求，安全管理水平持续改进。

（二）运输安全实践

为了确保异辛烷装卸的关键环节和步骤万无一失，皖江公司按照炼油销售公司的“三点一线”管理要求，建立了异辛烷装货前安全检查视频审核机制。由船舶对管线、阀门、货舱舱盖、高速透气阀以及货物管线上的每一个卡扣和压力表等进行检查，检查全过程由船舶使用防爆手机录制视频并发给海务主管审核，审核通过后才能进行装卸作业。从而提高了船员的安全意识、安全知识和安全技能，“三点一线”管理要求是确保异辛烷运输安全的重要保证。

为了进一步提高异辛烷船舶运输全过程的风险管控水平，加强航行过程、装卸货和锚泊中的风险管控，皖江公司按照炼油销售公司要求组织船员进行“三点一线”航次视频拍摄工作，皖江公司视频监控值班人员加强对船舶航次全过程的视频监控（图7-18）。

图7-18 异辛烷船舶运输全过程实时监控

“三点一线”视频拍摄的内容，包括开航前的航次会议、装货作业会、装货前检查、装货中巡查，包括航行中的班作业会、夜航命令簿、航行中风险（气象、复杂航段、一级水域、桥区等），包括卸货前的卸货作业会、卸货前检查、卸货中巡查，包括卸完货总结和航次总结会议。“三点一线”视频拍摄时，将其中主要的风险控制环节，分别与皖江公司安全管理体系文件对应起来，明确到文件名、条款号、活动要求和相关记录；这样与“三点一线”相关的安全风险得到了监控，相关的安全管理体系文件也就在船上得到了有效运行。

（三）安全展望

未来，皖江公司持续将炼油销售公司水路“百项违规”4.0版考核标准要求纳入皖江公司的体系运行。同时围绕“安全、专注、创新”的理念，力求成为一个风险管控严，安全管理精，人文素质高，公司形象美，服务质量优的航运公司。

七、狠抓落实出实效

（一）公司概况

洛阳弘骏汽车运输有限公司（以下简称“洛阳弘骏公司”）以危险货物运输为主营业务。公司始终把“炼油销售公司的管理要求”作为行动指南，安全管理水平快速稳步上升，连续被洛阳市交通运输主管部门、安委会授予“先进单位”“质量信得过企业”称号，成为黄河北岸的一家化工物流标杆企业。

（二）运输安全实践

成立初期，洛阳弘骏公司只有三四间办公室，总共才有十几个人，七八条“枪”，安全管理也是典型的“游击队”打法，哪里出问题抓哪里，按下葫芦浮起瓢。2015年，洛阳弘骏公司有幸加入炼油销售公司的承运商队伍，在合作中，炼油销售公司将标准化、体系化的安全管理模式输入给公司，使公司在短短几年间，迅速提升了管理水平，补齐了企业短板，引领洛阳弘骏公司逐步由一支“游击队”成长成为“正规军”。

回想这些年的变化，洛阳弘骏公司对炼油销售公司安全管理表示深深的认同。曾经粗放式管理——领导不懂安全，中层管理人员不会管安全，这就相当于一个“盲人”骑着一匹“瞎马”，如果不引起重视，注定落入万劫不复的深渊。现在，总结洛阳弘骏公司的管理也很简单，就是按照炼油销售公司的管理要求抓落实。

意识上的改变带领着行动的转变，增强使命，寻找差距，明确举措，重在落实。洛阳弘骏从安全教育培训入手，每月一次的“面对面”安全培训教育，从总经理到安管人员再到每一名司押员，要自上而下绷紧安全红线意识。教育培训不单是洛阳弘骏公司安管人员讲解课件，更是邀请交通、消防专家和驻厂办领导到我司授课，通过课件授课、提问抢答、实操比武等多种方式增强培训效果，用鲜活的事故案例让培训入脑入心（图7-19）。

图7-19　洛阳弘骏公司司押人员安全培训现场

动态监控是实现过程控制的最佳手段，是安全管理的重要抓手。洛阳弘骏公司在动态监控管理方面一直“常抓不放”，24小时实时监控，及时纠正不安全驾驶行为，消除事故隐患。2022年4月在一次清晨的监控岗位日常工作中，发现一位危化品车辆驾驶员存在严重生理疲劳现象，监控员迅速采取措施，联系该车就近停靠在服务区内，及时“激活”了处于半睡眠状态驾驶员，那一刻，公司真切意识到动态视频监控一定要“常抓不放”。

自2022年7月炼油销售公司开始推行出车前检查后，洛阳弘骏公司严格要求司押人员每次执行运输任务前，按照检查表对车辆技术状况和设备设施进行细致的检查并录制检查视频，层层检查。洛阳弘骏公司每月组织车辆技术管理人员对车辆进行一次全覆盖的检查，洛阳弘骏公司领导不定期抽查。轮胎方面更是采用租赁的方式，确保车辆均使用新轮胎，消除轮胎磨损隐患。

在气密性检查开始实施的第一天，洛阳弘骏公司企业负责人带队亲自到停车场对车辆进行气密性检查。就在大家生疏地对准手柄喷洒肥皂水时，一排密集的小泡泡出现了。司机难以置信地擦去泡泡，试探性地拿防爆工具紧固了手柄螺丝后，再次喷洒肥皂水，泡泡不仅没有消失，反而出现了更大的肥皂泡。随即，洛阳弘骏公司安排该车取消当天运输任务，到专业维修厂站进行维修。经检查，该车阀门垫片老化导致漏气。事后，洛阳弘骏公司安管人员一阵后怕，倘若未严格按照炼油销售公司要求进行气密性检查，及时发现泄漏隐患，后果将不堪设想。

居安思危——强化应急管理也是炼油销售公司持续关注的工作。洛阳弘骏公司随着思想转变和行动的落实，近年来不断完善应急物资储备，打磨应急救援队伍。已经成为当地危运行业内的一支社会应急救援力量，多次承办当地交通部门“两客一危”道路应急救援演练，并多次参与当地辖区内危货车辆侧翻等事故的社会应急救援行动（图7–20）。

图7–20　洛阳弘骏公司运输队伍

（三）安全展望

2024年是洛阳弘骏公司加入炼油销售公司承运商队伍的第九个年头，洛阳弘骏公司已从原来的几间办公室，几张小沙发，发展到现在拥有一千多平的办公楼，拥有专业动态监控室、多媒体培训厅、专用的应急救援仓库，已是不折不扣的“正规军”。从“百项违规”1.0版到“百项违规”4.1版，炼油销售公司手把手教洛阳弘骏公司管安全，洛阳弘骏公司也在不打折扣地执行落地。现在的洛阳弘骏公司已然成为中原大地上的一匹骏马，实现腾飞之势。洛阳弘骏公司有决心，也有信心将炼油销售公司交给的各项工作细致细致再细致，落实落实再落实，也希望在炼油销售公司的引领下继续踏上新征程（图7–21）。

图 7-21 洛阳弘骏公司车队建设

八、“涅槃重生”再展翅

（一）公司概述

南京通润运输有限公司（以下简称“通润公司”）于2017年加入了炼油销售公司的配送队伍。在炼油销售公司先进管理理念的引导和熏陶下，通润公司从领导到管理人员（图7-22）、再到全体司押人员的安全意识均得到了很大提升，公司总体安全管理水平显著提高，同时也加强了通润人“客户至上”的服务意识。经过这7年的配送管理历练，通润公司从一家只有10余台液化石油气运输车辆的个体经营户，如今发展成为华东地区最大的专营液化石油气运输的专业化公司，目前拥有液化石油气槽罐运输车辆近100台。通润公司以安全、快捷、高效的运输服务，受到广大合作伙伴的认可。

图 7-22 通润公司企业负责人现场指导工作

（二）运输安全实践

通润公司在参与炼油销售公司配送业务之后，对安全管理意识有了全新的认知。在传统运输管理意识中，通润公司认为只要托运货物运送到指定地点就算完成业务，但在加入炼油销售公司配送队伍后，在炼油销售公司“百项违规”考核标准要求下，通润公司主要负责人观念发生根本性转变，不仅亲临一线指导、督促，通过深入驾驶员队伍，将心比心的沟通交流，了解实际困难并针对性地制定解决方案，同时，而且通润公司建立安全预防机制，全方位温馨提醒司押人员、监控警示违规行为、积极开展应急演练，必将违规行为扼杀在萌芽状态。通润公司上下通力协作，在安全管理思想上实现了量到质的飞跃。

完善的安全管理是企业长久生存的基石，需要企业持之以恒地查缺补漏、落实安全管理责任。但在2022年，通润公司一项非配送运输业务中，发生了一起较为严重的安全事故。此事故，虽然导致使通润公司停工整改28天，但也因为炼油销售公司的管理要求给予通润公司新的生机。在这28天的事故处理、整改、反思、学习、再完善管理的过程中，通润公司痛定思痛，坚决不搞“两张皮”，将所有车辆都按照炼油销售公司的要求统一管理。在炼油销售公司的引领下，通润公司进行了一系列的制度重建、人员培训及硬件投入（图7-23），最终从惨痛的安全教训中重整旗鼓并实现了安全管理更上一层楼的历史转变。

图7-23　通润公司视频检查安全培训

（三）安全展望

展望未来，通润公司将继续紧跟炼油销售公司的脚步，坚持以安全管理为抓手，以法律、法规和炼油销售公司安全管理要求为前提，智能化实时监控技术为辅助，让安全监管变得触手可及，让风险预警变得敏锐而精准。通润公司将在安全管理的道路上不断前行、完善和突破，实现“涅槃重生”。

第三节　其他视角下的管理成效

一、见微知著——第三方视角

炼油销售公司物流安全管理模式有效地降低了危化品货物在运输过程中的安全风险和事故隐患（图7-24），有效地保证了货物的安全高效输送和生产的有序进行，有效地维护了中国石化的良好社会形象和行业标杆地位。炼油销售公司不断完善和发展的安全管理模式，从第三方角度来看，主要有以下几个方面值得学习和借鉴。

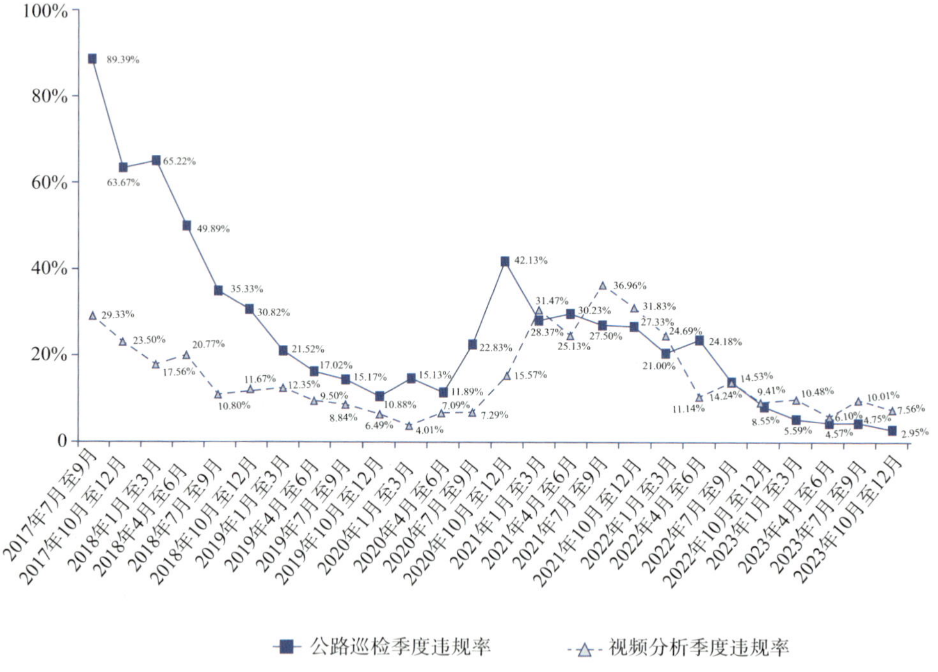

图7-24　车辆运行状况的违规率呈明显下降趋势

注：2017年以来，车辆运行状况的违规率呈明显下降趋势，2020年第3季度开始违规率大幅升高，系某产品运输车辆由自提转为配送纳入日常监管后，该产品运输车辆违规率较高造成；后随着监管工作的持续开展，其违规率也有了明显的下降。

（1）理念输出。炼油销售公司通过推动承运商安全学习宣贯、不断提升承运商安全意识理念和安全管理水平。安全意识理念和管理水平不仅关乎物流企业的运营效率，更直接关系到员工个人和客户的运营安全，在物流管理中起着至关重要的作用。安全管理人员特别是司押人员的安全操作状况（图7-25），是物流安全管理中最重要的环节之一。炼油销售公司每年通过邀请各承运商安全管理人员和司押人员共同参与大量安全会议与专题会议、应急演练和竞赛活动，与高校及专业机构建立战略合作关系并积极组织提供持续的教育和指导，在过程中不断督促承运商进行相关知识技术学习和应用的同时，对各承运商的长期发展产生积极影响，推动了这些企业的可持续发展，很大程度上推动了整个行业的发展进步。

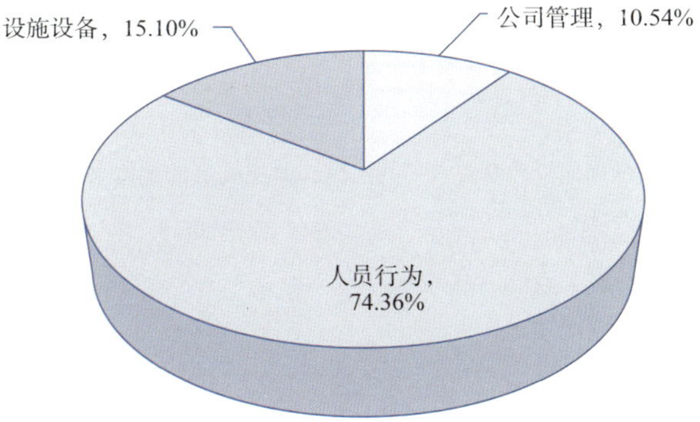

图 7-25　2023 年度违规原因比重

注：综合道路运输安全监管工作的数据分析发现，人员的违规行为在所有违规中一直以来占有非常大的比重。

（2）重视本质安全。炼油销售公司一直致力于向各承运商传输不以牺牲安全为代价来追求经济效益的理念，强调预防为主、注重从源头上减少风险，千方百计地发挥本质安全的作用。例如不断督促各承运商提高安全监控人员的管理地位和薪资水平，成功地激励了员工的积极性，从GPS监控数据就能非常明显地发现工作效能的提高和安全业绩的进步（图7-26）。同时，通过督促使用具有本质安全特性的设备和系统，从根本上预防或避免事故的发生，而不是仅依赖于事后的应急处置和补救措施。

（3）重视日常检查。炼油销售公司从未放松过对物流设施设备进行定期的安全检查和维护的要求，不断推行和加强出发前的运载工具自检自查和监督指导（图7-27），以确保车辆和船舶及相关设施设备在使用前始终处于良好的工作状态，从而在根本上降低事故发生的概率，保护人身安全，减少经济损失，维护企业的正常运营。

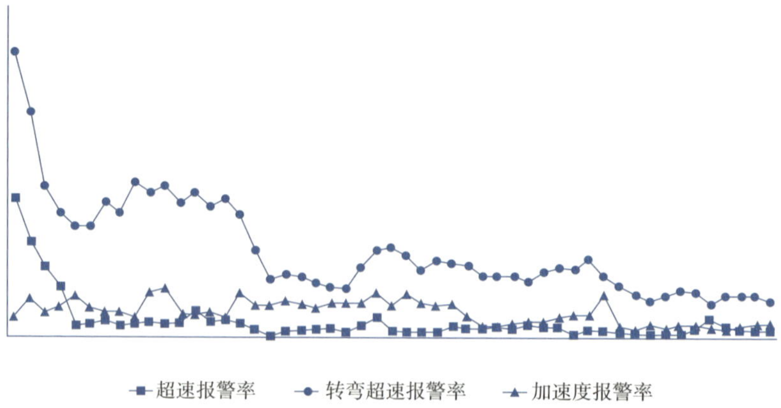

图 7-26　GPS 监控数据分析

注：随着安全监控人员的管理地位和薪资水平的提高，监控人员的工作主动性也随之提高，伴随的结果是GPS各种风险的报警率有了明显的下降。

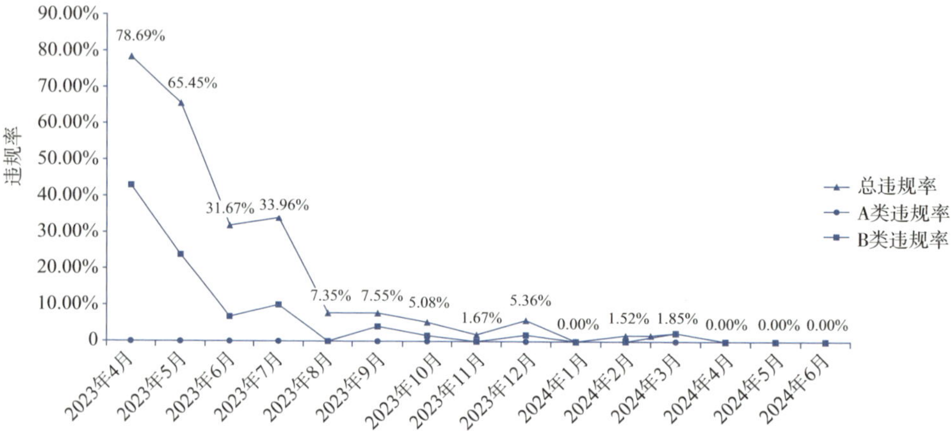

图 7-27　承运商运载工具出发前自检自查发现不合格项的违规率变化趋势

（4）重视持续改进。安全管理政策能否有效地落地生根，在物流安全管理中起着举足轻重的作用。只有当安全政策真正落地并得到执行，才能实现安全政策制定的初衷和目标，从而提升物流安全管理的整体效率和效果。通过让安全管理政策有效落地，可以规范安全管理特别是司押人员的安全操作过程，确保每一步操作都符合既定的安全标准和安全要求，有助于减少操作过程中的随意性和不确定性，提高安全操作的规范性。例如炼油销售公司发现2023年度违规数量较多的C类违规中司押人员送货途中下车未按规定穿戴反光背心或有明显反光标记的着装（图7-28）一直无法得到有效整改，安全要求形同虚设，便将其从C类违规升级为B类违规并在检查中重点关注，很快就有效地降低了该项违规率，各物流公司也在之后的安全管理中持续不断地将该项要求落实到了日常操作中。

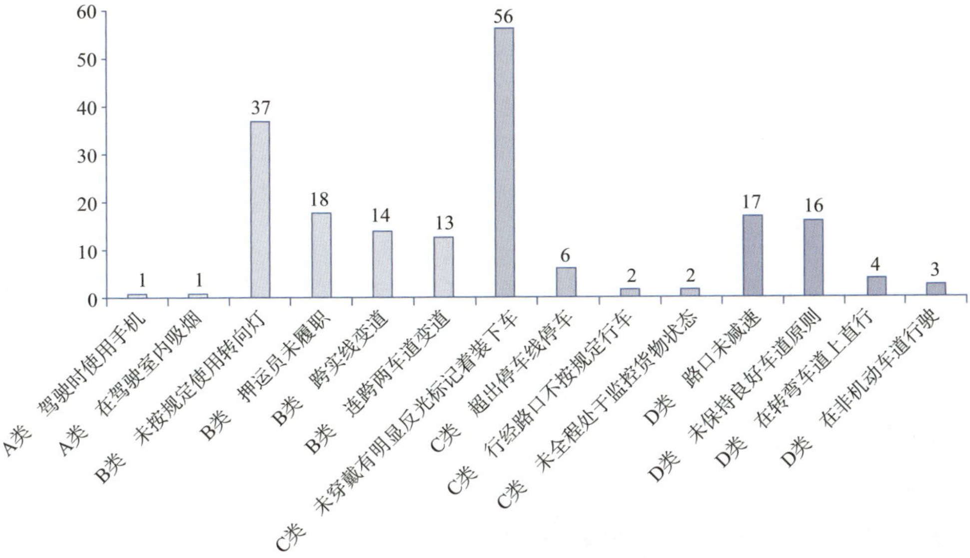

图 7-28 2023 年度人员行为各等级主要违规项

注：2023年度C类违规中司押人员送货途中下车未按规定穿戴反光背心或有明显反光标记的着装违规数量相对较多，为有效整改2024年度将其从C类违规升级为B类违规。

（5）重视人文关怀。炼油销售公司在物流安全管理中，对发现的承运商违规内容的处理，摒弃了简单粗暴的罚款方式，在闭环管理中进行有效的监督整改和消除的同时，还设置了详尽的、持续改进的KPI考核奖惩细则，将人性化在安全管理中得以充分的体现。炼油销售公司一直持续坚持在多方会议中倾听承运商安全管理人员及司押人员的意见和合理建议，并及时适当修改安全规则让安全管理政策有效地落地生根。这不仅使承运商的安全管理人员特别是司押人员感受到关怀和尊重，同时增强了承运商公司对炼油销售公司的归属感和忠诚度，使安全管理和业务管理的工作流程得到进一步优化，使安全管理和业务管理的工作效率得到进一步的提升，赢得了多方的信任和满意度，在物流安全管理中逐步形成了共同的安全价值观和共同的安全行为规范。

二、从自提“交易”到安全“交付”

2020年9月以前，炼油销售公司销售的液体硫黄采用客户自提制，存在以下问题：一是在产品运输过程中存在一定安全风险；二是每逢春节等重要节假日期间，会因为自提承运商的运力不足导致部分生产企业出现堵库现象；三是部分液体硫黄通过贸易商销售，公司难以摸清全部的终端客户信息。

为了解决以上问题，提升销售产品的市场控制力和影响力，推动液体硫黄从“交易”到“交付”转变，公司于2020年4月启动了现代物流体系建设规划项目，借助上海大学现代物流研究中心的力量，将液体硫黄产品由“自提”向“配送”进行物流优化。公司将液体硫黄市场划分为华东、华北、山东、华南、西南及沿江共六大区域，通过前往上海、金陵、扬子、镇海、齐鲁、青岛、普光、元坝、天津、湛江、北海、茂名等地进行现场调研（图7–29），与当地驻厂办、承运商、客户进行交流（图7–30），结合各区域实际情况，制定了相应的液体硫黄配送方案。2020年8月至2021年2月，通过多方的共同努力，在短短6个月时间内逐步实现了全国各地区的液体硫黄配送工作。

图7–29　公司物流优化项目组前往企业现场进行调研

图7–30　公司物流优化项目组与驻厂办、承运商及客户进行现场交流

转为配送只是第一步，共计60余家承运商（年运输量超过200万吨）要加入公司危化品配送承运商队伍。液体硫黄配送属危化品运输，在如此短时间内激增如此多的危化品车辆和人员，当时配送管理的主体单位——物流运营部面临的物流安全压力可想而知。

关键时刻，危化品物流全链条闭环安全管理模式管理机制发挥了积极作用。虽然如此大规模增加危化品承运商实属首次，但物流安全体系运行已然非常成熟。当时炼油销售公司物流运营部对照管理要求逐项抓落实：一是抓理念落实，先后在杭州、芜湖、上海、长沙等地召开6次液体硫黄配送启动宣贯会（图7–31），对公司成熟的物流安全管理模式进行宣贯，将承运商和司押人员的思想和行动统一到炼油销售公司具体要求上来；二是抓制度落实，严格履行承运商准入机制，对其公司资质和车辆进行准入审核，并结合百项违规机制建立“五统一”标准，杜绝挂靠车辆进入配送队伍；三是抓过程管理，按照“七查”模式对液体硫黄司押人员及车辆进行动态和静态检查，有效管控人员的行为和车辆的状态。建立属地联动网，启动配送车辆出车前视频自检等活动，联合属地驻厂办加大对承运车辆本质安全的检查；四是抓考核闭环，在原有的百项违规考核基础上，通过新增“曝光榜”考核机制、“7+2”违规项升级管控机制等对承运商人员及车辆进行KPI考核，逐步使得承运商违规率大幅降低，除2020年开始液体硫黄全配送的三季度违规率有所上升外，总体违规率都得到了有效控制。

图 7-31　公司在各地区召开液体硫黄配送启动宣贯会

三年多来，通过炼油销售公司配送管理模式的逐渐成熟以及对配送承运商的严格要求，液体硫黄配送承运商队伍从最初配送前的65家精简至目前的40家，第三方公路巡检总违规率从实现全配送时的30.23%降低至如今的0.72%，一些承运商逐渐成长为当地的模范标杆企业，从安全管理人员到司押人员的安全意识和业务能力都在不断提升。

“2023年7月，炼油销售公司要求司押人员按照规定项目对车辆进行出车检查并拍摄视频。起初，大家对出车前花十几分钟做检车视频拍摄很不适应，嫌麻烦、怕辛苦，认为没有必要进行如此细致的检查，还有不少司押人员因为拍摄问题陷入争吵。渐渐地，随着炼油销售公司对此项工作的长期坚持检查，我们总结出了一套高效的拍摄视频方法，如今拍摄出车前检车视频已成为我的日常习惯，我也因拍摄的视频被评为‘优秀’而获得了几次公司的表扬和现金奖励，有时我也会把自己拍摄的检车视频发到社交平台上，很多朋友给我点赞，这让我很有成就感。”一位来自湖南省岳阳市的司机感慨地说。

“记得‘百项违规’考核制度刚实行时，我们公司资历最老的一位司机鲁师傅都觉得难以适应，规定里有严禁单手握持方向盘超过20秒、弯道超速、押运员重车睡觉、变道不开转向灯、分神驾驶等，他感觉好像突然不会开车了，认为新模式对司押人员的要求过于严格，驾驶习惯都要重新纠正。发现这一问题后，我及时与他进行沟通，跟他分享了行业先进单位好的做法和事例，使他在较短时间内适应当前的工作岗位，也理解了推行严格管理的重要性，明白了没有安全一切归零的道理。现在，鲁师傅是我公司化工班班长，也是炼油销售公司相关规定的带头宣贯人和坚定支持者，每天协助液体硫黄车司押人员开展车检视频的拍摄工作。正是炼油销售公司的严格管理，使我们的安全管理水平迈上了一个新台阶。”一位来自湖北省武汉市的配送承运商负责人说道。

截至2024年7月，全国共有液体硫黄汽运配送线路550余条、涉及生产企业29家、服务终端客户178家，年运行里程1200余万公里。已安全配送液体硫黄800余万吨，未发生过任何上报安全事件，实现了千万公里“零事故”目标。

8

第八章

危化品物流运输安全管理的未来趋势

第一节 技术创新与数智化在危化品物流运输安全管理的应用

在危化品物流运输安全管理中，技术创新与数智化应用具有极其重要的意义，能够有效优化管理流程、降低事故风险、提高应急响应能力以及增强业务合规性，不仅保障了运输过程的安全，还为企业的可持续发展提供了坚实的基础。

一、物联网技术的应用

物联网技术在危化品物流运输中具有广泛的应用前景，可以提高危化品物流运输过程的安全性、效率和智能化程度，帮助企业减少运输成本和风险，提高运输效率和质量。

（一）运行过程数据实时采集

在危化品物流运输过程中，使用GPS/北斗定位传感器、温湿度传感器、加速度传感器等物联网技术设备，实时监测和跟踪运输车辆与危化品容器的位置信息、速度、路线、温度、湿度、压力等关键参数。这些数据通过5G等无线通信技术传输到监控中心进行分析和处理，为危化品物流运输风险预警分析和处理提供基础。

（二）运输车载智能设备协同

通过安装在危化品车辆上的传感器，如重量传感器、位置传感器等，系统能够实时感知货物的状态和重量，并将这些数据与预设的参数（如最大承载能力、装卸速度等）进行对比，自动调整设备的工作参数，以确保危化品物流运输作业的精确性和安全性。

（三）监控中心远程控制与管理

当监控中心检测到车辆或设备出现异常，如超速、设备故障或环境危险，可以通过物联网设备远程控制车辆进行减速、停车或者停止设备运行，降低危险发生的可能性；又如，应用物联网技术收集设备的运行数据，通过数据分析预测设备可能出现的故障，提前进行维护或更换，减少了突发故障带来的影响。

二、大数据技术的应用

大数据技术的引入为危化品物流运输安全管理提供了新的思路和方法，通过对海量数据的采集、存储、分析和应用，可以显著提升危化品物流运输的安全性和效率。

（一）实时监控与预警

在危化品物流运输车辆上安装GPS定位系统或北斗卫星导航系统，可以通过精确的位置信息，管理人员确保车辆按照既定路线行驶，避免因偏离路线而可能引发的安全问题。在紧急情况下，快速准确定位车辆可以为救援行动节省宝贵的时间。此外，各种传感器也在危化品物流运输中发挥着重要作用，如温度传感器能够监测危化品在运输过程中的温度变化，压力传感器则可以检测容器内部的压强，以确保容器不会因为温度、压力的异常变化而发生泄漏或爆炸。

（二）风险评估与决策支持

通过对历史事故数据和环境监测数据的分析，可以识别出高风险区域和高风险因素，评估不同运输路线的风险水平，从而制定相应的运输计划和应急预案。

若从历史数据中发现某些路段频繁发生交通事故，则可考虑该路段可能存在一些固有的安全隐患。这些路段可能位于山区，因为坡度大、转弯急、视线受阻等因素，危化品物流运输车辆在这些路段行驶时，则需要更高的注意力和更强的控制力；这些路段也可能位于城市中心，高峰期车流量大，车辆等待时间长，容易导致驾驶员注意力不集中，增加事故风险可能性。因此，在系统中这些路段应该被明确标记为高风险区域，并在危化品物流运输路线规划中予以特别考虑，在必要时采取额外的安全措施。某些特定的天气条件或交通状况也可能增加事故发生的概率。极端天气如暴风雨、冰雹、大雾等会影响危化品物流运输车辆的操控性和制动距离，从而增加事故的风险。因此，在运输危化品时，应密切关注天气变化和交通状况，尽量避免在恶劣条件下运输。

（三）优化运输路线与调度

比如，每次运输任务完成后，运输管理系统自动生成详细的运输报告，包括运输时间、路线、速度、环境参数等信息，进而发现某些时间段和路段的交通流量较低，这些时段正是运输效率较高的时候。基于这些分析结果，可以在这些时间段合理安排危化品物流运输任务，制定最佳的运输方案，并结合实时交通状况和环境条件，灵活调整运输路线和调度计划，以应对突发情况，确保运输过程的顺利进行。

（四）驾驶员行为分析与培训

大数据技术可以对驾驶员的行为进行分析，识别出不安全的驾驶行为。例如，通过对安装在运输车辆上的物联网设备采集的行驶数据，包括车辆的速度、刹车次数和急刹车频率等，进而识别驾驶员在运输过程中是否存在超速行驶或违规行驶的行为。此外，通过对驾驶员的工作时间和休息时间进行监控与分析，可以实时监测驾驶员的疲劳程度，并及时发出警告，提醒他们休息。基于详细的数据分析结果，企业可以对驾驶员进行有针对性的安全教育和培训，帮助他们改进驾驶习惯，提高其安全意识和操作技能。

（五）应急响应与事故处理

通过对实时监控数据和历史事故数据的分析，可以快速提供科学的应急响应方案和事故处理建议，减少事故损失和对环境的影响。此外，通过对事故现场的数据采集和分析，可以确定事故的具体原因，如驾驶员的操作失误、车辆故障等，同时也为未来的危化品安全管理提供宝贵的参考。

三、区块链技术的应用

越来越多的企业开始探索和应用区块链技术来管理危化品。例如，IBM和马士基（Maersk）合作开发的TradeLens平台，通过区块链技术实现了对其全球供应链的透明高效管理，其中就包括危化品的运输管理。区块链技术通过其不可篡改、全程追溯、透明和智能合约等特性，可以显著提高危化品管理的安全性，帮助企业和监管部门更好地应对与处理危化品相关的风险和问题。

（一）溯源和追溯

应用区块链技术，可以将危化品从生产到运输整个过程的每一次数据变动进行记录，且数据不可篡改。企业和监管部门可以实时获取精确的危化品生产、运输和存储信息，快速定位问题环节，大大降低了人工审核和检查的时间成本，同时显著提升应急响应能力。

（二）合规管理

区块链技术记录危化品的合规证明、运输许可等信息，确保危化品物流运输过程符合法规要求。当危化品物流运输到达某个节点时，系统会自动通知相关人员进行检查，如检测到异常情况时，则自动触发报警机制，大大提高了管理效率。

（三）数据共享和透明

区块链技术可以实现不同参与方之间的数据共享，透明性使得危化品物流运输中所有参与方之间建立了强有力的信任机制，包括生产企业、运输公司、监管部门等，减少了因信息不对称带来的问题。

（四）数据真实性保障

通过区块链技术，每一次数据变动都会被记录且无法篡改，确保了数据的真实性和可靠性，从而保障了整个危化品物流运输过程中的数据准确性和可信度。

（五）减少纠纷

一旦发生问题，系统可以通过区块链数据快速找到责任方。这不仅有助于快速解决纠纷，还能提高供应链各方的责任意识，进一步规范危化品物流运输行为。

四、数字孪生技术的应用

数字孪生技术不仅能够反映物理对象的当前状态，还可以模拟其未来行为和性能。在危化品物流运输中，数字孪生技术的应用不仅提高了运输过程的安全性和高效性，还为设备的维护与管理提供了全新的方法和手段。

（一）虚拟仿真与模拟

数字孪生技术通过构建运输过程的虚拟模型，实现对实际运输过程的仿真和模拟。在危化品物流运输安全管理中，虚拟仿真与模拟的应用具有重要的意义。

（二）运输方案的模拟与优化

数字孪生技术通过构建虚拟模型，模拟不同路线的交通状况、天气条件、运输工具性能等，通过对比、分析和评估，确定最优的运输方案。

（三）风险评估与预警

数字孪生技术可以模拟危化品在不同温度、压力条件下的反应，或是预测可能出现的天气变化、交通状况等，通过提前识别和评估风险，提前发出预警。

（四）应急处理建议

在发生泄漏事故时，数字孪生技术可以根据虚拟模型的模拟结果，提供最佳的应急处理方案，从而有效控制事故的影响，降低风险损失。

（五）设备全生命周期管理

数字孪生技术可以实现对危化品物流运输及装卸设备的全生命周期管理，包括设备的采购、安装、运行、维护、报废等各个环节，全面了解其运行状态和使用寿命，确保设备运行安全，降低设备的运行成本。

五、元宇宙技术的应用

元宇宙技术是近年来迅速发展的前沿技术，通过构建虚拟现实环境，为危化品物流运输安全管理带来了新的机遇和挑战。

（一）虚拟培训与演练

传统的危化品物流运输培训方式往往受到场地、设备等限制，难以全面覆盖各种突发事件场景。元宇宙技术提供的虚拟现实环境，能够模拟出极为逼真的操作场景，从而为危化品物流作业人员提供一个无风险的学习平台。

1.操作培训

通过元宇宙技术，可以创建出与实际工作环境高度相似的虚拟场景，包括装卸区域、运输车辆等，让作业人员在虚拟环境中与设备进行互动，学习如何正确使用运输工具、装卸设备，以及如何处理危化品包装和标签等。同时，元宇宙技术可以根据每个作业人员的学习进度和操作能力，提供个性化的培训方案，确保培训效果最大化。

2. 应急演练

元宇宙技术通过构建虚拟现实环境，可以模拟危化品泄漏、火灾、爆炸等紧急情况，或复杂的天气条件、交通状况和紧急事件等，让作业人员在安全的环境中体验多情景应急演练，并学习如何应对这些紧急情况，提高应对复杂情况的能力。此外，元宇宙技术支持多人在线协作，可以模拟团队应急响应过程，增强团队协作能力和提高应急处理效率。

3. 培训效果评估

元宇宙技术还可以通过虚拟现实环境对培训效果进行评估。通过分析虚拟现实环境中的操作及应急演练数据，包括操作时间、错误次数、应急处理流程等，了解员工在哪些方面存在不足，并据此提供个性化的反馈和指导。基于评估结果，可以不断优化培训内容和方法，提高危化品物流运输安全培训的针对性和实效性。

（二）展示和交流

企业可以通过虚拟现实平台展示危化品物流运输过程和安全管理措施，增强客户和监管部门的信任与认可。同时，元宇宙技术还可以促进危化品物流行业内的交流和合作，推动技术创新和发展。通过构建虚拟现实平台，举办行业会议、技术交流会等活动，行业专家和从业人员可以通过虚拟现实平台，进行实时交流和讨论，分享经验和技术成果，推动行业的技术创新和发展。

第二节　环境保护与绿色发展

绿色、低碳、可持续发展是实现我国双碳目标、促进经济社会发展、保护人民群众健康生活环境的重要途径。特别是危化品供应链企业，注重环境保护与低碳发展不仅是遵守法律的要求，更是企业实现社会责任、风险管理、成本控制、创新驱动和可持续发展的必然需要。

一、危化品物流运输的绿色发展方向

（一）清洁能源替代

顺应“双碳”战略，在危化品物流运输中积极推动新能源车辆及船舶等运载工具成为各大企业研究的方向。如电能、甲醇、氢能、氨能、液化天然气等新能源和清洁能源运载工具，不仅有助于减少对化石燃料的依赖，还能显著降低运输过程中的尾气排放，对改善空气质量、减少温室气体排放具有重要作用。

此外，在国家鼓励大宗散货“公转铁”的背景下，炼油销售公司积极研究并成功推动电加热型沥青罐车的落地使用，较传统火焰加热模式，单车次减少“二氧化碳”排放约860千克，积极实现“双碳”目标。

（二）运输方式优化

在国家推进生态文明建设、实施低碳发展战略的背景下，通过采取水铁公多式联运、集装化运输等运输优化模式，是危化品物流运输低碳发展的重要举措。近年来，国家出台了一系列政策支持多式联运、“公转水、公转铁”等模式发展，如《关于加快推进多式联运发展的指导意见》《关于加快内河航运高质量发展的意见》《铁路货运增量行动计划》《关于进一步推进货运组织改革的意见》等，旨在优化运输结构，提高运输效率，降低物流成本、促进绿色低碳发展。

对于危化品物流运输而言，集装化多式联运模式具有以下优势：

（1）提高运输安全性。集装化具有封闭性好、稳定性好等特点，可实现危化品从产地到消费地的全程封闭运输，降低危化品物流运输过程中的安全风险和环境污染。

（2）优化运输结构。利用铁路、水运等大运量、低能耗的运输方式运输危化品，减少公路运输比例，可以优化危化品物流运输路线，减少碳排放。

（3）提高运输效率。集装化多式联运模式可实现危化品物流运输的快速和准时，降低库存成本，提高物流效率。

二、危化品物流运输中的ESG实践

（一）什么是ESG

ESG指的是环境（Environmental）、社会（Social）和治理（Governance），是

一种评价企业可持续发展的框架。随着全球经济的发展和环境问题的日益严重，ESG已经从简单的企业社会责任评价，演变为一个涵盖环境保护、社会责任和公司治理等多方面的综合评价体系，是评价企业全面可持续发展能力的重要标准。

在我国，ESG理念逐渐被广大投资者和企业所接受。监管部门也出台了一系列政策，推动企业披露ESG相关信息，提升企业的ESG表现。如上海、深圳、北京证券交易所发布的上市公司可持续报告指引，要求上市公司加强ESG信息披露，推动企业实现高质量发展。

（二）ESG实践对危化品物流运输安全管理的重要性

对于危化品物流运输行业来说，ESG实践尤为关键。

1. 环境方面

（1）减排与绿色运输：在危化品在运输过程中推广使用低碳、环保的运输工具和技术，如电动或混合动力车辆，液化天然气（LNG）动力船舶等。

（2）事故预防与应急响应：强化运输过程中的安全管理，预防事故发生，一旦发生泄漏或其他事故，能够迅速有效地进行应急响应，以减少对环境的影响。

2. 社会方面

（1）社会关系与透明度：危化品物流运输企业需要与沿途区域建立良好的沟通机制，提高运营透明度，确保社会知情权和参与权。

（2）人员安全与培训：加强从业人员的安全培训，确保在紧急情况下能够保护自己和他人的安全，减少事故对社会的影响。

3. 治理方面

（1）风险管理与内部控制：建立完善的风险管理和内部控制体系，确保企业能够及时识别、评估和控制ESG相关的风险。

（2）责任与合规：遵守国际及国内相关的法律法规和国际标准，承担企业应有的责任。

危化品物流运输企业通过开展ESG实践，能够提升其安全管理水平，降低运营风险、展现企业社会责任、提高企业声誉，同时也有助于实现国家关于安全生产和环境保护的政策目标，为建设生态文明、实现可持续发展作出贡献。

附录：标准

A1　炼油销售公司供应商现场审查表

A1.1　炼油销售公司非危化品（公路）配送承运商现场审查表

A1.2　炼油销售公司非危化品（水路）配送承运商现场审查表

A1.3　炼油销售公司危化品（公路）承运商现场审查表

A1.4　炼油销售公司危化品（水路）承运商现场审查表

A1.5　炼油销售公司仓储供应商（液体）现场审查表

A1.6　炼油销售公司仓储供应商（固体）现场审查表

A2　炼油销售公司危化品运输载具检查表

A2.1　炼油销售公司危化品运输载具（罐车）检查表

A2.2　炼油销售公司危化品运输载具（液体化学品船）检查表

A2.3　炼油销售公司危化品运输载具（LPG　液化石油气船）检查表

A3　“百项违规”考核表

A3.1　炼油销售有限公司危化品运输道路安全管理考核项目（4.1版）

A3.2　炼油销售有限公司船运安全管理考核项目（4.0版）

A3.3　炼油销售有限公司仓储安全管理考核项目（2.0版）

A4　车辆自检项目检查表/“曝光榜”专项检查表

A4.1　炼油销售公司危化品车辆自检项目检查表

A4.2　炼油销售公司普货车辆自检项目检查表

A5　炼油销售公司物流服务商考核细则

A6　炼油销售公司承运商“五统一”专项检查

A7　全链条闭环安全管理模式示意图

A1　炼油销售公司供应商现场审查表（扫码查看）

A2　炼油销售公司危化品运输载具检查表（扫码查看）

A4　车辆自检项目检查表/“曝光榜”专项检查表（扫码查看）

A6　炼油销售公司承运商“五统一”专项检查表（扫码查看）

参考文献

[1] 苏磊. 基于深度数据挖掘的危险品运输事故关键影响因素及致因模型研究［D］. 青岛科技大学，2019.

[2] 任常兴. 基于风险分析的危险品道路运输路径优化方法研究［D］. 南开大学，2007.

[3] 中国安全生产协会注册安全工程师工作委员会，中国安全生产科学研究院. 安全生产管理知识［M］. 北京：中国大百科全书出版社，2022.

[4] The Heinrich Accident Triangle—Too Simplistic A Model for HSE Management in the 21st Century? pp. 1–3.

[5] Maslow，A. H. A theory of human motivation. Psychological Review，50（4），1943.

[6] 高等院校安全工程卓业教育指导委员会. 安全学原理［M］. 北京：煤炭工业出版社，2002.

[7] 丁海蛟，孙建路，王文鑫. 浅谈杜邦安全理念在班组安全文化建设上的应用［J］. 中外企业文化，2021（12）：59–60.

[8] 邓卫国. 危化品物流全链条安全管控措施探讨［J］. 安全、健康和环境，2024，24（02）：55–59.

结束语

随着这本《炼油销售公司危化品物流运输安全管理体系手册》的编纂工作落下帷幕，我们不禁感慨万分。这本手册的编写过程凝聚了我们团队的智慧和汗水，也见证了我们对于物流安全管理的执着追求和不懈努力。

在编写过程中，我们得到了众多同仁和专家的鼎力支持。他们有的提供了宝贵的实践经验和案例，有的对书中的内容进行了深入细致的审查和修改。特别是炼油销售公司物流运营部的主创人员、上海大学储雪俭教授带领的物流研究中心团队和SGS道路安全服务团队，他们为本书的编写付出了巨大的努力，确保了手册内容的准确性和实用性。我们深感荣幸能有这样专业、高效的团队，与我们共同完成了这一重要任务。

当然，我们也深知这本手册的编写仅仅是近几年炼油销售公司实际工作经验的归纳整理，由于时间仓促且理论知识薄弱，书中难免存在一些问题和不足。我们真诚地希望读者能够提出宝贵的意见和建议，帮助我们不断完善和改进。

在此，我们要向所有参与本手册编写的同仁和专家表示衷心的感谢。是你们的辛勤劳动和无私奉献，才使得这本手册顺利完成。同时，我们也要感谢所有读者对本手册的关注和支持，是你们的建议和反馈，让我们有了不断进步的动力。

最后，我们再次强调，物流安全管理是企业发展的重要保障。希望本手册能够为广大物流从业者提供一些有益的参考和借鉴，共同推动物流行业的安全、高效、可持续发展。再次感谢大家的支持和关注！

附录1

炼油销售公司物流服务商考核指标体系

1 总体原则

物流服务商考核指标主要由以下部分组成：物流运营部考核，适用于全部仓储运输服务商；第三方监管考核，适用于风险较大的危化品运输服务商（含沥青船）及仓储服务商；驻厂办考核，适用于驻厂办对公路运输及仓储服务商进行考核。同一个考核月度内，同一违规项被不同单位查出，不重复扣分。

2 物流运营部考核

考核指标分为7个项目，每个项目由各自的工作要求作为评估依据，将服务商违规情况按程度不同分为A、B、C三类，进行相应扣分，扣分标准如下：A类违规每次扣30分；B类违规每次扣20分；C类违规每次扣10分。每项考核满分均为100分，扣完为止，依据各项权重计算最终得分。

物流运营部保留根据实际运作情况可随时调整A、B、C类违规内容、分类、扣分标重、权重的权利。

2.1 运输服务商日常考核指标

考核项目	权重比例	违规扣分情形		
		A类违规	B类违规	C类违规
运输委托完成	15%	2.1a 无正当理由未执行委托的。 2.2a 由于物流服务商原因，造成重大经济损失或引起严重影响的（10万元以上）。 2.3a 由于物流服务商原因，月度计划完成率低于70%	2.1b 因承运商自身原因未按约定到达装卸点。 2.2b 由于物流服务商原因，造成一般经济损失或引起较大影响的（5万~10万元）。 2.3b 由于物流服务商原因，月计划完成率低于80%	2.1c 对物流计划3日内随意变更的。 2.2c 由于物流服务商原因，造成轻微经济损失、缺量或引起一般影响的（5万元以下）。 2.3c 由于物流服务商原因，月计划完成率低于90%
货物完好	15%	2.4a 货物由于物流服务商原因，造成较大数、质量事故。 2.5a 危化品运载工具私自切换介质未提前向炼油销售公司备案。 2.6a 出现严重跑冒滴漏现象或客户对货物亏吨投诉	2.4b 货物由于物流服务商原因，造成一般数、质量事故。 2.5b 危化品切换介质后不能提供相关证明材料。 2.6b 出现轻微跑冒滴漏现象	2.4c 货物由于物流服务商原因，造成轻微数、质量事故。 2.5c 货物与合同规定损耗或质量要求不相符。 2.6c 出现跑冒滴漏隐患的及其他货损情况
运输安全	20%	2.7a 发生轻微安全事故且负主要责任。 2.8a 发生安全事件且负主要责任；或对客户造成一定经济损失。 2.9a 不能及时报告事故或报告事故弄虚作假	2.7b 发生轻微安全事故且负次要责任。 2.8b 发生安全重大安全隐患的。 2.9b 不能准确报告事故事件过程或延迟1小时以上报告事故	2.7c 发生其他安全隐患，未能及时整改反馈。 2.8c 发生公司重要事件，包括主要公司性质、负责人、主要运输工具等变更后未及时告知备案
信息反馈	10%	2.10a 隐瞒任何炼油销售公司要求必须报告的异常情况（从事件发生算起超过12小时）。 2.11a 延迟3天及以上提交任何炼油销售公司有时限要求的报告报表。 2.12a 报告内容未能反映真实运作情况	2.10b 未能及时报告任何炼油销售公司要求必须报告的异常情况（从事件发生算起超过2小时）。 2.11b 未妥善保管进出库原始单据。 2.12b 延迟2天及以上提交任何炼油销售公司有时限要求的报告报表	2.10c 未能按照炼油销售公司所要求的方式提供、填报或确认信息。 2.11c 出现一般报告/报表内容、格式错误、延误的

4.3　仓储以《中国石化炼油销售有限公司仓储安全管理考核项目》实时颁布为准。

4.4　考核扣分标准：A类违规每项扣15分，B类违规每项扣10分，C类违规每项扣5分，D类违规每项扣1分。

附录2

"7+2"零容忍行为

1　7项A类违规零容忍行为

1.1　驾驶时使用通话设备。包括手机、对讲机、耳机等移动设备。等红灯、过拥堵路段期间用耳机接电话、听音乐、看手机也作为驾驶时使用进行判别；若彻底堵停超10min以上不适用于本条考核。

1.2　吸烟。车辆在执行运输任务过程中或装载、卸载、等卸的任何状态，人员包括驾驶员和押运员，包括吸电子烟和禁烟区域吸烟。

1.3　弯道转弯车速超过30km/h。GPS轨迹查询速度数据（持续30s及以上的）和第三方现场测速可作为违规证据。

1.4　车辆行驶过程中，驾驶员捡拾物品的行为。包括站立拿取、弯腰捡拾、侧腰伸手到侧位较远处拿取物品。

1.5　双手脱离方向盘。驾驶过程中喝水进食或其他情况时双手脱离方向盘，包括用手掌以外部位掌控方向盘的行为。

1.6　严重疲劳驾驶，驾驶过程中驾驶员有连续点头、闭眼（视频取证）。

1.7　故意遮挡车载视频监控。采取拉帘子等动作故意遮挡摄像头。

2　2项B类违规零容忍行为

2.1　车辆行驶时司押人员未系安全带或不按标准使用安全带（含三点式安全带当作两点式的使用，夹子固定）。

2.2　行驶过程中单手操作方向盘超20s以上（车速低于10km/h、换挡除外），转弯过程中单手操作方向盘，脚未踩在离合器和刹车上。

A3.2　中国石化炼油销售有限公司船运安全管理考核项目（4.0版）

项目 等级	设施设备	人员行为	公司管理	考核标准
A类	1. 使用超期船舶。（内河运输船龄不超18年，海运船龄不超20年）。 2. 通导系统（雷达、AIS、测深仪等）不符合要求或无法正常使用。 3.NAVTEX或本安型的超高频/甚高频（UHF/VHF）便携式无线电对讲机无法正常使用。 4. 船壳板有明显凹陷和破损。 5. 船舶固定灭火系统（CO_2系统、干粉系统、泡沫系统、水雾喷淋系统）不能正常使用。 6. 作业期间未配备合适的消防设施及防污染设施（灭火机、消防皮龙、干粉炮、干粉枪、吸油毡等）。 7. 货物监控报警系统（液位高位、高位报警及溢出报警、温控系统、压力报警系统）未正常运行或货物作业前未测试。 8. 呼吸阀、安全阀不灵敏或未有定期测试记录（沥青船不适用）。 9. 货泵舱可燃气探测系统、泵舱舱底高位报警装置缺失或不能正常投用（沥青船、液硫船不适用）。 10. 危险区域设施及工具（对讲机、照明设备、扳手等）不防爆或缺损（沥青船不适用）。 11. 火灾报警系统不能正常投用，或未定期检测。 12. 在有信号区域无故长时间信号丢失，或视频抽检看不到回放记录。 13. 装卸作业前落水孔未有效堵塞。 14. 船舶货物管线或阀门有泄漏	1. 值班人员未按照酒精毒品政策的要求上岗（酒精测试>0mg/100mL即视为酒后上岗，不配合测试视为酒后上岗）；毒品测试不合格（尿检测试呈阳性，不配合测试视为阳性）。 2. 未在规定区域吸烟或未有效执行吸烟规则（船员是否已被告知可以吸烟的区域；是否张贴吸烟规则；指定的吸烟区域是否关闭所有的入口；吸烟区域是否配备安全火柴或固定的点烟器；是否有随意放置打火机的现象；门上张贴警示标示“货物作业期间保持关闭”和“禁止将火种带出门外）。 3. 故意遮挡船载视频监控，故意改造或损坏定位、监控设施设备，造成岸基对话不畅。 4. 未遵守定线制航行的规定和各港口安全航行管理规定。 5. 作业期间未按要求及时记录流量、温度、压力情况。 6. 作业期间未安排专人巡检、监护和记录，值班人员有脱岗行为。 7. 船舶锚泊期间，驾驶室无人员值守。 8. 火灾报警、可燃气体报警、有毒气体报警信息未登记或未闭环处理。 9. 甲板区域船员未按要求正确穿戴合适的PPE。 10. 航行期间未有船员实时瞭望。 11. 未按维护计划要求进行设备维护。 12. 船员将烟火、手机携带到危险区域。 13. 未执行进入封闭场所许可证，未按安全程序进入泵舱	1. 不能提供油污应急计划；不能提供船舶海洋污染应急计划（江船除外）（防污设备清单及时更新；船长知晓与该港口的联系程序等）。 2. 船员特殊培训证书、适任证书等不适宜、过期或无证上岗。 3. 危化品介质发生变化后未能提供洗舱证明及记录（关注洗舱过程的气体检测和作业计划）（沥青船不适用）。 4. 炼油销售公司检查问题整改落实情况未及时有效闭环。 5. 存在私自动火作业行为。 6. 未能满足海事局要求最低配员人数。 7. 无装卸货计划、作业航次计划制度 8. 受到海事等部门的处罚未在当月上报。 9. 岸基管理代表未按要求访船（江/海船三个月一次），访船发现的问题未按规定解决。 10. 未按炼油销售公司要求进行船上安全检查的视频录制或未及时上传	参照炼油销售公司KPI考核实施细则执行

续表

项目 等级	设施设备	人员行为	公司管理	考核标准
D类	46.关键性设备和系统未定期测试和记录；未张贴操作规程。 47.在驾驶室及操舵机舱内，未永久显示操舵装置遥控系统和操舵装置动力装置转换程序的简单操作说明。 48.未配备适合当前航行的纸质海图、长江航道图、电子海图，并及时更新。 49.船体标志显示不清楚或不正确标识，号灯、号型、号旗缺失或无法正常使用。 50.隔热层材料和隔热保护状态不良，有油迹。 51.起居处所卫生情况差。 52.安全告示未在舷梯口展示。 53.驾驶台未张贴船舶的概况参数及操纵特性图	38.船员对靠泊码头要求不熟悉或违反码头要求（包括恶劣天气、安全环保等）。 39.船员对船上设施设备操作不熟练，缺乏日常异常处置能力。 40.值班人员规范着装	24.船员有明显违规行为，公司故意包庇隐瞒。 25.除A/B/C类以上违规外，其他发现的公司管理类违反水上交通法规、炼油销售公司安全政策的现象，或受到行管部门处罚	参照炼油销售公司KPI考核实施细则执行

注：炼油销售公司船运安全管理涉及液化气、异辛烷、液体硫黄、沥青4类货物船舶，分江、海两个船种，具体考核时依据实际情况对照项目进行检查。

续表

项目 等级	设施设备	人员行为	公司管理	考核标准
D类	31.库区夜间照明灯无损坏。 32.敞开的物料管道未上盲板、法兰螺栓未上齐。 33.消防管道闷盖丢失不齐全（含未正常使用）。 34.未配备急救药箱及有效药品（缺少夏季防暑、消毒、包扎、腹泻、急救等药品用品，针对季节特点应配备相应药物且在有效期内）。 35.未配备与所装卸货物相关的安全防护设备（安全帽、防护性手套、防护眼镜、防毒面具、堵漏器具等，有效），洗眼液（1类、2类除外），未有发放记录。 36.物料的流向标识模糊、未标。 37.库区监控资料未按要求保存30天。 38.废弃物、废料储存、处理符合相应法律法规要求（垃圾桶应定置摆放，生活垃圾、施工垃圾、危废等应按要求分类收集至指定区域）		30.未保证员工PPE供应（安全帽在有效期内，工作服每年发放，手套按需发放）。 31.未定期识别和获取使用新的安全生产法律法规与其他要求，并发布清单，及时将适用的安全生产法律法规与其他要求传达给从业人员，并进行相关培训和考核。 32.未对新入场人员进行安全教育，施工方签订安全协议，制定风险消除计划、应急处置计划。 33.未能按照炼油销售公司所要求的方式提供、填报或确认数据。 34.出现一般报告/报表内容、格式错误、延误的。 35.库区在接到客户正式提出的投诉后，没有在炼油销售公司规定的时限内提交书面初始报告。 36.除A/B/C类以上违规外，其他发现的公司管理类违反法律法规、炼油销售公司安全政策的现象，或受到行管部门处罚	参照炼油销售公司KPI考核实施细则执行

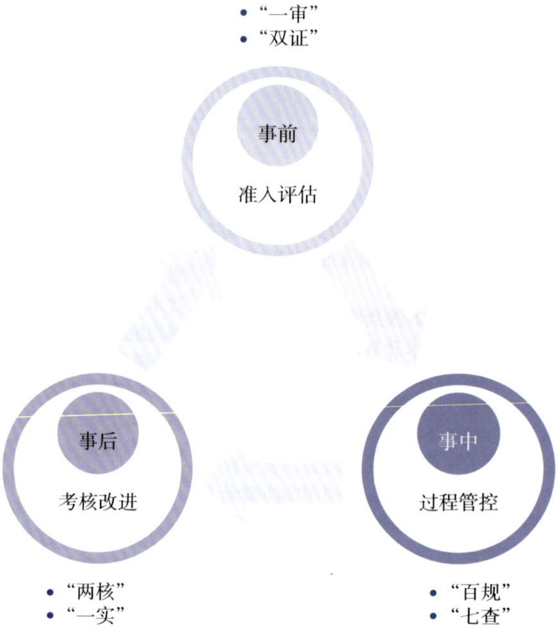

“一审”
“双证”
事前
准入评估
事后
考核改进
事中
过程管控
“两核”
“一实”
“百规”
“七查”

模型

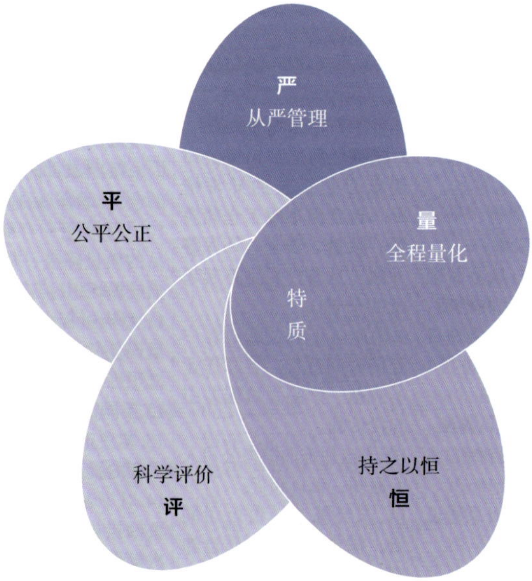

严
从严管理
平
公平公正
量
全程量化
特
质
科学评价
评
持之以恒
恒

特质

联示意图